Transparência

Dados Internacionais de Catalogação na Publicação (CIP)
(Câmara Brasileira do Livro, SP, Brasil)

Boff, Leonardo
Transparência: nas pessoas e nas instituições / Leonardo Boff – Petrópolis, RJ : Vozes, 2025.

ISBN 978-85-326-7261-2

1. Cristianismo 2. Espiritualidade 3. Filosofia 4. Transparência I. Título.

25-279869 CDD-170

Índices para catálogo sistemático:
1. Transparência: Filosofia 170

Eliane de Freitas Leite – Bibliotecária – CRB-8/8415

Transparência:

NAS PESSOAS E NAS INSTITUIÇÕES

LEONARDO BOFF

EDITORA VOZES

Petrópolis

Direitos de publicação em língua portuguesa – Brasil:
2024, Editora Vozes Ltda.
Rua Frei Luís, 100
25689-900 Petrópolis, RJ
www.vozes.com.br
Brasil

Editoração: Piero Kannan
Diagramação: Editora Vozes
Revisão gráfica: Michele Guedes Schmid
Capa: Adriana Miranda

ISBN: 978-85-326-7261-2

Este livro foi composto e impresso pela Editora Vozes Ltda.

Sumário

Introdução

Poucas palavras têm sido mais maltratadas e exauridas do que a palavra "transparência". Ela é qualidade essencial de qualquer instituição, órgãos de governo, organizações não governamentais (ONGs) e, sobretudo, do ser humano que procura ser autêntico e verdadeiro. Este último não usa de rodeios, nem se vale de evasivas, de pretextos e de escusas para ocultar alguma sombra de sua existência. E, se existe, reconhece-a humildemente.

Como humanos, não somos simples, mas complexos, simultaneamente portadores de luz e de sombra, daquilo que pode se dividir (dia-bólico) e daquilo que pode se unir (sim-bólico). A pessoa autêntica não nega essa situação ambígua. Tal condição não é defeito de criação, é dimensão do ser humano histórico assim como o conhecemos.

É autêntica a pessoa que sabe de sua existência complexa, até contraditória, e a reconhece sem amargura. O indivíduo se mostra autêntico quando se percebe exposto a essa contradição, sem nunca negá-la. Mas revela-se verdadeiramente autêntico quando empenha seus esforços para orientar-se pela dimensão de luz e não pela obscuridade. A luz é tão potente que um pouco dela, como um fósforo aceso, é capaz de exorcizar toda a escuridão de um ambiente. Assim tudo fica transparente. A luz, por mínima que seja, goza de mais poder e tem mais direito que a escuridão. A luz irradiante é o símbolo maior da transparência em qualquer âmbito da vida humana.

Essa transparência passa das pessoas para suas múltiplas atividades. Transparente há de ser a religião, quando Deus e o Sagrado ocupam o primeiro lugar na palavra e na ação. Ela perde a transparência e se torna intransparente quando se aceita a lógica do mercado, que busca riqueza, *status* e poder e usa o santo nome de Deus para encobrir essa prática. Ela desnatura a religião, que não foi feita para realizar negócios.

A transparência deve reinar na política, campo de disputa de poder e de decisões, fundamentada em uma organização que se paute pela justiça, equidade e respeito à constituição, às leis e à ordenação da sociedade e do Estado. Talvez a política seja um dos campos em que a transparência é bastante ofuscada para alcançar objetivos escusos. Para isso, são usadas as plataformas digitais, os ilimitados recursos da inteligência artificial (IA), por meio dos quais se proclamam discursos de ódio, lançam-se *fake news*, propagam-se desinformações, tenta-se desmoralizar as instituições e se intenta um golpe contra o estado democrático de direito. Nessas práticas, a transparência é afogada totalmente. Esses processos temem e fogem dos portais da transparência, pois podem ser desmascarados, denunciados, julgados e condenados.

Em tempos de radicalização do neoliberalismo econômico e do predomínio do capitalismo financeiro gerenciado por um pequeno grupo de biliardários ou por um Estado que se impõe como unipolar e tenta sozinho definir os rumos do mundo, a eliminação de qualquer laivo de transparência é condição de sua dominação. Aqueles que exigem transparência se articulam em mecanismos coletivos de resistência, de oposição e de fortalecimento de poderes multipolares. O enfrentamento entre uma visão unipolar e outra multipolar pode culminar em conflitos e guerras regionais e até mesmo guerras totais. Nesses casos, a nossa própria existência nesse planeta estaria sob perigo.

Não preciso detalhar a transparência no campo da ética. A ética trabalha com valores, com o bem viver e conviver humano. Isso só é possível se prevalecer a transparência em todos os procedimentos. Lamentavelmente, a cultura do capital criou uma cultura da propaganda enganosa e uma parafernália de artifícios a serviço da omissão da transparência, a qual mostraria a falta de qualidade de seu produto. Estar à luz da transparência prejudicaria os negócios escusos. Isso é tanto mais grave em dinâmicas de interesse de acumulação de riqueza, seja de grandes corporações, seja de grandes estados que se negam às mudanças climáticas já ocorridas na Terra, como os eventos extremos, o aquecimento global, a erosão da biodiversidade, o aumento crescente da sobrecarga terrestre (*earth overshoot*) e a inauguração do piroceno. Tais fatores negados podem comprometer o frágil equilíbrio do planeta e nos levar a cenários catastróficos inimagináveis.

A espiritualidade só merece tal nome se for, por natureza, transparente. É sua insubstituível missão, por meio de símbolos, sinais e sacramentos, tornar acessível aquilo que é essencialmente transcendente. Por via indireta – porque a Deus ninguém jamais viu – os símbolos se tornam transparentes para a divina e transcendente realidade.

Mas, como em todos os campos, aquilo que é sadio pode ficar doente (e toda doença sempre remete à saúde), a dimensão da sombra, vale dizer: a negação da transparência, pode predominar soberana sobre a dimensão da luz. Dessa forma, destrói-se culposamente a transparência do Divino e do Sagrado. Como bem o expressa um dito espanhol: "entre Deus e o dinheiro, o segundo vem primeiro".

Grande desafio de nosso tempo é resgatar essa qualidade – a transparência –, sem a qual seremos condenados a viver e a sofrer num mundo de mentiras, falsidades, desinformação, discursos de ódio e violências que podem culminar num eclipse civilizatório e, no limite, no fim de nossa própria espécie.

Essa preocupação alimentou e alimenta nossas reflexões, sobretudo, quando tentamos ir às raízes filosóficas e culturais que nos suscitam a inadiável pergunta: como e por que chegamos a um mundo que obscurece a transparência em todas as relações, inclusive as humanas, enchendo-o de mentiras, discursos discriminatórios e todo tipo de distorção e de "verdades paralelas" (outro nome para a *fake news*)? A intransparência torna onerosa a convivência, destrói a natural confiança entre os cidadãos e sequestra a discreta alegria de viver na Casa Comum junto com toda a comunidade de vida.

Petrópolis, 31 de janeiro de 2025.

A transparência filosófica: o ser que faz ser todos os seres

Grande parte de nossos conceitos foram herdados da cultura grega. Ela foi genial, pois conseguiu construir um arcabouço de conceitos por meio dos quais nos orientamos e fazemos compreensível a realidade que nos cerca. Assim, palavras-chave como natureza, essência, política, ética, cidadania, imanência, transcendência, para apenas citar algumas, são correntes na nossa linguagem ocidental.

Com consequências de que, em grande parte, esses conceitos perduram até os dias atuais, introduziu-se um igualmente conhecido dualismo: Deus-mundo, absoluto e relativo, universal e particular, celestial-terrenal, ser humano-natureza, masculino-feminino, corpo-alma, espírito-matéria, entre outros. Esse dualismo atravessou os discursos teológicos, filosóficos, sociológicos, antropológicos, entre outros, durante séculos.

Entretanto foi, em parte, superado pelas novas ciências, como a antropologia, a psicologia, a física quântica, a cosmologia moderna; numa palavra, pela epistemologia contemporânea. Ela representa uma superação do dualismo tradicional. Entretanto, não é ainda dominante, perdurando os antigos dualismos. Em outras palavras: chegou-se a entender a realidade não mais de maneira dualista, mas de forma holística, totalizante, pois perfaz um todo que tudo inclui.

Duas categorias nos parecem fundamentais e serão objetos de nossa consideração: *imanência* e *transcendência*. São categorias fundamentais, ainda correntes nos escritos mais sérios, especialmente no campo da filosofia, da teologia, das ciências da religião etc. Tentarei ir além dessa dicotomia com a introdução de um conceito mediador: a *transparência* (Boff, 1972, p. 125-130).

Por *imanência* se entende toda a realidade perceptível, que está à nossa mão ou que pode ser captada por aparelhos científicos. Mesmo os microrganismos, quase invisíveis, e os quintilhões de quintilhões de bactérias, vírus e fungos que se escondem sob a Terra e nos demais organismos vivos, são realidades que pertencem ao reino da imanência. Numa palavra, é tudo aquilo que pode ser apreendido e que está sob nossa capacidade de compreensão, já que a apreensão pertence à imanência.

Transcendência, como a própria palavra sugere, é tudo aquilo que vai além da imanência, além de nossos sentidos, que não pode ser apreendido, que a razão com todas as suas capacidades não pode alcançar. Chamou-se isso de *metafísica*, vale dizer, algo que vai além da física e que não consegue romper os limites do mundo real ou possível (Jaspers, 1948, p. 688).

Também se faz referência a uma transcendência matemática: o famoso *pi* (π), um número cujo valor é *3,14159265358979323 84* numa sequência infinita de dígitos. Até mesmo esse número cai dentro da esfera do imanente.

Por exemplo, o ser pertence à transcendência. Temos a ver com um transcendental, pois ninguém jamais viu o ser andando e aparecendo por aí. Apenas expressões do ser que são os *entes*, como uma pedra, uma árvore, um cavalo galopando e mesmo uma pessoa humana falando. Podemos dizer, no máximo, que são concretizações do ser, mas não são o ser. Todos são imanentes. Somente o ser transcende a todos eles.

O que é o ser em si mesmo? Essa é a indagação máxima de toda filosofia e de qualquer pensamento no Ocidente e no Oriente, no passado e no presente. O fato é que não conseguimos apreendê-lo nem defini-lo. Precisamos do ser para responder ao ser. Por isso ele constitui a condição de possibilidade de que existam expressões do ser que são os entes. Ele nos ultrapassa em todos os sentidos e em todas as direções (Heidegger, 2006, p. 28-32).

Podemos conferir-lhe atribuições, como foram feitas na tradição da metafísica, como: o ser é *uno*, *verdadeiro, bom e complexo*. É *uno* pois se faz presente, unificando tudo o que existe até o mais diverso. Ele é *verdadeiro*, vale dizer, ele se revela assim como é, sempre inteiro. Ele é *bom*, quer dizer, nele não há nenhuma negatividade. Ele é *belo*, isto é, lá onde se concretiza traz beleza e encantamento. Eu acrescentaria ainda que o ser é *complexo*, revela-se em inomináveis formas, articulações e num sem-fim de possibilidades. Sem jamais se esgotar como ser.

Os filósofos bem afirmaram: sem o ser não haveria entes. Eles todos se remetem ao ser, sem o qual não existiriam. Ele está presente em todos e, ao mesmo tempo, retrai-se em todos. Não se deixa ver. Por essa razão dizemos que o ser é sempre transcendente. Sua existência é um mistério.

Além disso, o ser é a condição de possibilidade de nosso conhecimento dos entes. É o ser que nos mune de inteligência pela qual podemos conhecer tudo o que se apresenta como objetos de conhecimento. Sem esse *a priori* do ser que suscita o conhecimento, os objetos se tornariam simples objetos, sem serem conhecidos. E se são conhecidos é porque o ser nos propicia essa possibilidade de entrar em contato com eles e, assim, conhecê-los. Mas, aqui cabe o dito da tradição da filosofia indiana: "A força que faz o pensamento pensar não pode ser pensada"; ou o "ser que nos permite captar os entes existentes não pode ser captado".

De todos os modos, o ser faz com que o objeto e o sujeito se ordenem um ao outro. O ser faz o sujeito conhecer o objeto. E o ser cria a abertura para que o objeto seja conhecido. Um está implicado com o outro. Ambos são expressões do ser: objetiva – os objetos de conhecimento – e subjetivamente – o sujeito que os conhece. O ser mesmo escapa ao conhecimento.

O transcendente diante do imanente

Mas eis que surge a pergunta sempre posta: por que existe o ser e não o nada? Se prevalecesse o nada, nada existiria, nem teríamos condições de fazer a pergunta pelo nada e pelo ser. O fato é que o ser é. O ser é a condição de possibilidade de que algo surja na existência. O que ele mesmo é, já o dissemos, escapa-nos. Para tentar compreendê-lo, precisamos dele. Por isso o ser é indecifrável e comparece como o grande mistério. O ser simplesmente é uno, verdadeiro, bom, belo e complexo.

A grande questão reside no fato de que, comumente na nossa cultura, o transcendente vem contraposto ao imanente. Vivemos aprisionados no imanente, inclusive tudo aquilo que nos rodeia. E o transcendente, por definição, nos é totalmente inacessível. Figurativamente seria, em cosmologia, chegar ao muro de Max Planck. Quer dizer, podemos nos aproximar daquele ponto ínfimo, repleto de energia, que num dado momento explodiu – o *Big Bang* –, do qual tudo provém. Mas não dá para olhar para além dele, pois nós viemos dele e, por isso, sempre chegamos depois. Foi a partir dele que começamos a existir, portanto, não podemos pular para o antes disso. É um muro intransponível, o assim chamado muro de Planck, um dos fundadores da física quântica.

Transparência: uma ponte entre a imanência e a transcendência

Mesmo assim cabe a pergunta: não haveria uma mediação, uma espécie de ponte que da imanência nos transportaria para a transcendência? Esse é o desejo inarredável do ser humano, pois sente dentro de si um impulso de sempre ir além do dado e do feito, ir além dele mesmo, de "transcender" os limites impostos pela imanência.

Supomos que deve haver uma categoria específica que não se deixaria subsumir pelos conceitos transcendência e imanência. Essa seria exatamente a categoria *transparência*. A categoria transparência, por sua vez, é uma contribuição própria do cristianismo, por causa da fé na encarnação do Filho de Deus em Jesus de Nazaré.

A declaração dogmática do Concílio de Calcedônia (451) assim se expressa: "deve-se confessar um só e mesmo Filho, nosso Senhor Jesus Cristo, perfeito quanto à divindade, perfeito quanto à humanidade, verdadeiro Deus e verdadeiro homem, constando de alma racional e de corpo; consubstancial ao Pai, segundo a divindade, e consubstancial a nós, segundo a humanidade". O texto continua enfatizando que "no mesmo Cristo devemos reconhecer duas naturezas, sem confusão, sem mutação, sem divisão, sem separação. A diferença das naturezas não é de modo algum suprimida pela sua união, mas antes as propriedades de cada uma são salvaguardadas e reunidas em uma só pessoa".

Aqui aparece claramente que a transcendência (divindade) se encontra com a imanência (humanidade) numa figura histórica concreta, o Filho de Deus encarnado na figura de Jesus de Nazaré.

Em razão dessa interpenetração da transcendência com a imanência, uma presente dentro da outra, faz com que Jesus realize a transparência. Ele traz a transcendência para dentro da imanência de forma que aquela se torne perceptível nesta. Em sua humanidade concreta, com corpo e alma, a transparência se encarna e passa a morar no meio de nós (Jo 1,14). "Quem me viu, viu o Pai" (Jo 14,9). Esse homem concreto torna transparente a presença transcendente do Pai. São João, logo no início de seu evangelho, afirma explicitamente: "Ninguém jamais viu a Deus. O Filho único de Deus, que está junto ao Pai, foi quem no-lo deu a conhecer" (Jo 1,18; 1Jo 4,12). Jesus, portanto, é o grande sacramento, o símbolo vivo da transparência da transcendência em sua própria imanência (humanidade). A encarnação do Filho de Deus (transcendente) em nossa realidade humana (imanente) é o lugar de realização e de verificação da transparência. Jesus de Nazaré, assumido pela divindade, torna transparente a divindade, "o Deus que ninguém jamais viu". Agora *por meio* dele e *nele* podemos vê-lo.

Aqui constatamos a superação da oposição transcendência-imanência. A transparência comparece como a categoria intermediária entre ambas. Isso se tornou compreensível, como acabamos de mostrar, mediante o evento da encarnação do Filho de Deus Pai na carne frágil e mortal de Jesus de Nazaré.

De que maneira essa união se dá, a qual a teologia chama de *hipostática*, permanece no âmbito do mistério. Entenda-se aqui o mistério não como o limite da razão, mas como o ilimitado da razão; esta pode conhecer o mistério mais e mais, mas ficará sempre o mistério em cada conhecimento.

A transparência constitui um dado fundante da fé cristã, testemunhada pelas escrituras e mantida por todos os séculos nas celebrações, nos ritos, no simbólico, no religioso e na reflexão teológica, consciente de que todos os seus conceitos são aproximativos e analógicos.

Talvez a realidade da luz, na compreensão moderna, possa nos servir de metáfora. Para captar plenamente tal realidade, devemos considerá-la ora como onda energética, ora como partícula material. Mas é sempre a mesma luz que se nos oferece ou na forma de energia ou de matéria. Só assumindo as duas modalidades temos alguma compreensão do que seja a luz (Boff, 2010). Algo parecido acontece com o evento da encarnação, por meio da qual se afirma a presença simultânea da divindade e da humanidade na mesma e única figura histórica do homem de Nazaré.

Encontramos um texto de São Paulo na Epístola aos Efésios (4,6) que enuncia claramente a transparência, afirmando que "há um só Deus e Pai de todos, que está *acima* de todos [transcendente], que age *por meio* de todos [transparente] e *em* todos [imanente]". A transparência está exatamente entre o transcendente e o imanente. A transparência emerge quando a transcendência penetra a imanência.

A transparência e o simbólico

A transparência ocorre por meio do mundo dos símbolos, dos sinais e daquilo que em teologia é chamado de sacramento. No símbolo ocorre o encontro dessas duas dimensões. Assim, a princípio o que ocorre não é uma reflexão, mas a visão de um encontro de duas dimensões que se interpenetram.

Ernst Cassirer (1874-1945), um conhecido pensador do universo dos símbolos em sua obra clássica *Filosofia das formas simbólicas*, afirma com exatidão:

> O autêntico e verdadeiro conceito do '*Simbólico*' não se enquadra na compreensão metafísica tradicional (transcendente-imanente) e nos conhecidos dualismos, mas rompe esta moldura. O *simbólico* não pertence nem a este nem ao outro lado, sequer pertence ao campo do Imanente e do Transcendente, senão que seu valor reside exatamente nisso: de *superar esse dualismo*. Não é nem um nem o outro, mas está presente um no outro e o outro no um (1923, III, p. 447).

Com isso, Cassirer mostrou claramente que transparente é todo ser que nele mesmo e por meio dele a transparência emerge. A transparência estabelece uma nova relação entre o "perto", aquilo que está ao nosso alcance; e o distante, aquilo que nos é inacessível. Em termos teológicos podemos dizer: Deus está presente dentro da criatura de forma que transforma esta criatura em transparente para a divina Realidade (Splett, 1968, p. 84).

A transparência participa de ambas as realidades, da transcendência e da imanência, sem que uma seja a outra, mas sim uma terceira realidade em que ambas se encontram. O absoluto não é captado "com" o símbolo, mas "no" símbolo.

Wolfang Goethe encontrou uma feliz definição do símbolo: "é a representação visível do invisível, a revelação viva e real do inescrutável" (*apud* Weischedel, 1957, p. 626).

Se bem observarmos, o símbolo (que contém a transparência) apresenta uma dupla função. Em primeiro lugar, o símbolo deve ser visto e reconhecido em si mesmo; em seguida ele nos leva para além dele e a ver o que está representado nele. Não se pode parar simplesmente no símbolo, mas passar do símbolo para aquilo que é simbolizado por ele. Bem como não se pode parar no simbolizado e deixar de lado o símbolo. Ambos constituem uma única realidade, uma categoria própria, diversa das outras. Nisso reside a transparência.

Repetimos: o mesmo vale para direção inversa: captar o simbolizado e chegar ao símbolo que contém o simbolizado; captar o símbolo que contém o simbolizado. Concretizando: o que é invisível se torna visível no símbolo, sem o qual o transcendente ficaria inacessível.

Os povos originários: testemunhos da transparência

Nossos povos originários vivem naturalmente a dimensão da transparência. Para eles, cada ser, planta, pedra, animal, o piar de um pássaro são manifestações do Grande Espírito, pouco importa o nome que lhe seja dado (Eliade, 1992). Por isso essas realidades são profundamente respeitadas e veneradas: elas vêm carregadas de energias divinas. Logicamente, a pedra é pedra. Mas ela se transforma num símbolo venerável, porquanto faz-se transparente pela presença do Sagrado nela como, por exemplo, a famosa *Pedra Negra* da Grande Mesquita em Meca, na Arábia Saudita, tida pelos muçulmanos como uma relíquia que remonta à época de Adão e Eva. Nela os muçulmanos veem o sagrado e a ancestralidade de sua fé.

A fenomenologia das religiões chama esses fenômenos de *hierofanias*, quer dizer, o advento e a aparição do Sagrado. Algo que não é deste mundo (transcendente) se manifesta e se faz presente em algo deste mundo (imanente). Esse algo, digamos uma pedra, não deixa de ser o que é; tropeçando nela podemos nos machucar, mas ela assume um caráter simbólico, pois torna presente algo que está ausente. Ela se faz transparente.

Essa visão não deve ser pensada como exclusiva dos povos originários. Qualquer pessoa que foi visitada por uma profunda experiência religiosa ou mesmo um fiel que crê em Deus como Criador de todas as coisas acaba vendo símbolos de Deus em inúmeras experiências (epifania). Essa visão, conforme veremos, é própria também da teologia, exemplarmente vivida por São Francisco de Assis que andava com reverência por sobre as pedras, pois via nelas a pedra angular, isto é, Jesus Cristo; ou nas pequenas flores do campo admirava a beleza de Deus. Seu discípulo São Boaventura elaborou minuciosa e grandiosa teologia na qual tudo é símbolo e imagem do Criador. Conhecido é seu texto exemplar: *Itinerário da mente para dentro de Deus*, no qual descreve como o ser humano de símbolo em símbolo na escala dos seres chega à Suprema Realidade. Esta transcende todo o conhecimento e que significa, nas palavras de São Boaventura, existencialmente "um morrer sem morrer". O universo se transforma num incomensurável sacramento.

Convém assinalar que a cultura moderna técnico-científica se concentrou somente nas coisas enquanto coisas, objeto de conhecimento e de utilização humana, sem considerar que elas podem remeter a algo que vai além delas. Mas isso não entra em sua ótica. É a total mundanidade do mundo que tomada a sério se revela um *non-sens*.

O mundo não se explica por si mesmo, nem na sua origem, nem na sua constituição, tampouco em seu destino. Ele também se encontra à mercê de algo maior e que transcende o mundo das coisas. Como observava pertinentemente o filósofo Ludwig Wittgenstein (1889-1951) em seu famoso *Tractatus logico-philosophicus* (sentença 6): a ciência se ocupa com o *como* são as coisas; já a mística e a teologia se fascinam pelo fato de que as coisas *são* e *existem*. Mas temos conhecimento de cientistas, como Albert Einstein, David Bohm, Brian Swimme, Fritjof Capra e tantos outros que se extasiavam diante do mistério de todas as coisas que para eles eram mais do que simples coisas, objeto da investigação científica.

Concluindo: o modo de ver a realidade dos povos originários, alguns chamados inadequadamente de primitivos, ainda que não sejam nada primitivos, é perpassado pela transparência de todas as coisas. São portadores de uma experiência ancestral ancorada na própria existência humana, que nunca é uma realidade cerrada em si mesma, como uma bolha ou um sistema hermeticamente fechado. Sempre vigora uma abertura pela qual se capta o significado e o sentido de tudo o que se vê e se sente.

Sutilmente eles percebem que todas as coisas e a inteira natureza, sempre preservada por eles, vêm imbuídas de mensagens, seja do Grande Espírito, seja dos ancestrais que já passaram para o outro lado da vida, mas que de lá sempre acompanham com sua sabedoria ancestral as pessoas e a vida comum. Hoje, num mundo de artefatos industriais e mudo, o consumismo de bens materiais que embota os espíritos faz dos povos originários, naquilo que concerne à transparência, nossos mestres e doutores. Eles têm muito a nos ensinar e, portanto, nos humanizar.

A transparência teológica: Deus em tudo e tudo em Deus

É testemunho constante das Escrituras judaico-cristãs o que afirmamos anteriormente: "Ninguém jamais viu a Deus" (Jo 1,18; 1Jo 4,12; Ex 33,20). Com isso não se quer negar sua comunicação e revelação. Ao contrário: "muitas vezes e de modos diversos Deus falou" (Hb 1,1) e continua falando hoje pelos eventos históricos e por meio da vida das pessoas.

Os gregos detectaram revelação de Deus a partir da reflexão sobre o ser e suas concretizações que são os entes. Quem sistematizou genialmente esse percurso foi Aristóteles, elaborando uma profunda reflexão chamada por ele de "*theologiké epistéme*" (= conhecimento teológico), e que mais tarde um discípulo seu, Andrônico de Rodes, deu-lhe o nome de metafísica. Para Aristóteles, Deus era o motor imóvel, era quem movia todas as coisas.

Essa forma de se acercar a Deus por meio da metafísica do ser predominou na reflexão teológica cristã. Dizia-se com razão: se Deus existe como os entes existem, então Deus não existe. Ele está na linha do ser e não dos entes. Sua natureza é de outra ordem, diversa daquela dos entes, mesmo sendo considerado por alguns o *summum ens*, o ente supremo no topo da pirâmide dos entes. Se assim fora, ele entraria no âmbito dos entes, pertenceria ao mundo do imanente. Mas ele não se inscreve no reino dos entes, e sim do ser. Ele é a condição e o substrato da existência dos entes. É sua causa causante, teologicamente seu Criador (Leeuw, 1959).

Platão tomou outro caminho. Desenvolveu toda a sua filosofia sobre as imagens e os símbolos pelos quais o ser se deixa entrever. Seu famoso Mito da Caverna ilustra sua visão simbólica da realidade, também de Deus.

Seu método serviu de modelo para a teologia elaborar uma forma de se acercar de Deus, sempre de forma simbólica e por imagens. Criou-se toda uma tendência teológica platônica que ganhou sua forma mais alta em Santo Agostinho, São Boaventura e modernamente em Joseph Ratzinger, depois feito Papa Bento XVI. Todo o criado vem sustentado pelo Criador que o tirou do nada e o trouxe à existência. Em todo momento diz: "faça-se!" Caso contrário voltaria ao nada. Todas as coisas criadas se fazem, então, transparentes dessa divina realidade criadora.

Os hebreus identificaram a revelação de Deus pela história, portanto, pelos acontecimentos e pelo devir tortuoso das coisas. Por aí comunica seu projeto e seu propósito (Boman, 1965). Assim se deu no Êxodo do Egito, no Exílio na Babilônia, na Destruição de Jerusalém pelos romanos e em outros acontecimentos narrados com detalhes ao longo do Primeiro Testamento (Antigo Testamento).

A revelação culminou com a história do Jesus de Nazaré, do qual São João diz que foi ele que nos permitiu ver a Deus (Jo 1,18). Como já dissemos, ele comparece como o Sacramento Fontal de Deus. O Pai mesmo nunca aparece diretamente. Ele se retrai em seu mistério. Mas dá-se a conhecer pelo Filho e no Filho (Jo 14,8).

Deus é como o ser. Esconde-se atrás de sinais, eventos, símbolos e, no caso, na pessoa de Jesus. Exemplar é um relato do Êxodo. Moisés mostrou o desejo de ver a Deus. Este respondeu: "não poderás ver minha face porque ninguém pode me ver e *permanecer vivo*"; porém fez-lhe uma concessão: "tu ficarás sobre a rocha; quando a minha glória passar, eu te porei na fenda da rocha e te cobrirei com a mão enquanto passo. Quando eu retirar a mão, tu me verás pelas costas. Minha face, porém, não se pode ver" (Ex 33,20-23).

Aqui aparece a absoluta transcendência de Deus, inacessível ao ser humano. Ele somente entrega sua presença por meio de suas costas, que se transforma em símbolo de sua passagem e presença. Todos os símbolos e relatos tornam-se transparentes para a divina realidade.

É convicção no âmbito da teologia que nossos conceitos referentes a Deus são analogias, possuem uma natureza simbólica. Já Tomás de Aquino na *Suma Teológica* deixa claro que a tarefa da teologia é: *fides quaerens intellectum:* buscar pela razão a compreensão de Deus (*Theós logia*). Pertence também à tarefa da teologia abordar todas as coisas à condição de fazer isso à luz de Deus. Em outras palavras, nada pode ser alheio à teologia, nem a ciência, nem a economia, tampouco a política, desde que sejam consideradas não em si mesmas, mas sempre à luz de Deus e de seu desígnio.

Dessa diligência evidencia-se que tais realidades quando confrontadas com Deus são meros símbolos e simples metáforas pelas quais acedemos a algum conhecimento de Deus.

Nesse contexto vale citar a frase de Goethe: "*Alles Vergängliche ist nur ein Gleichnis*", ou seja: "Tudo o que existe de passageiro não é senão uma metáfora". Pode ser uma casa, uma árvore, um lugar, o Sol, a Lua e o inteiro universo: tudo é passageiro. Mas, sendo passageiro, mostra-se como uma metáfora de algo que nos escapa, que nos transcende, que se encontra no âmbito do Criador de todas as coisas passageiras.

O conceito budista de *sunyata* (o vazio ou o vácuo) se aproxima da exposição acima exposta no quadro da compreensão ocidental. O vazio-vácuo aqui significa aquela realidade que não foi produzida nem criada pelo ser humano. É o inefável do qual fala também a física quântica e a nova cosmologia; o ser em si mesmo, sem os entes, aparece como uma espécie de mar sem limites contendo todas as possibilidades. Ele se externa por meio dos seres concretos que são virtualidades do vácuo, que não colapsaram e retornaram ao vácuo, mas ganharam consistência real e fazem seu percurso histórico no processo da cosmogênese. Todas as emergências do vácuo (o assim chamado *abismo gerador de todos os seres*) são símbolos e sinais que nos remetem continuamente a esse mistério, gerador de todas as coisas (Boff; Hathaway, 2010).

Os poetas e os místicos são sensíveis a essas realidades: ver no passageiro, no criado, na natureza, expressões sensíveis de algo maior que por elas se expressam e por elas se remetem permanentemente.

Fernando Pessoa, exímio poeta português, exprimiu-o muito bem: "Ah, tudo é símbolo e analogia. O vento que passa, a noite que esfria, são outra coisa que a noite e o vento, sombras de vida e de pensamento. Tudo o que vemos é outra coisa. A maré vasta, a maré ansiosa é eco de outra maré que está onde é real o mundo que há" (2020, p. 453-454).

As coisas não são jamais meramente coisas: são sinais e símbolos e se tornam transparentes a essa realidade abscôndita, mas que se revela simbolicamente sempre por meio de tudo o que existe ou possa existir.

O transparente e o simbólico nas ciências

Paul Tillich (1886-1965) foi um sociólogo da Escola de Frankfurt e, posteriormente, um teólogo eminente que construiu sua teologia sistemática à base da categoria do simbólico. Brevemente define assim o simbólico: "Todos os objetos e processos nos quais o ser que está além se faz presente e pode ser contemplado num ser concreto: isso é o simbólico" (2005, p. 119).

Houve cientistas, como Hermann Dänzer e até um prêmio Nobel em física, Max Born, que estabeleceram similitudes entre o simbólico do Sagrado e da teologia com o simbólico das ciências atômicas e das ciências naturais (Dänzer, 1967; Born, 1964). Primeiramente observam uma analogia nos procedimentos desses dois campos do saber.

O caminho da ciência nuclear vai em busca do profundo a partir de experiências naturais e exteriores. O caminho da religião ou da teologia busca o profundo a partir da experiência pessoal ou comunitária. Ambos os caminhos expressam suas experiências por símbolos, embora de forma própria.

A física fala de *modelos* e não de símbolos que de alguma forma traduzem a experiência do profundo, inacessível experimentalmente, dada a sua natureza atômica e subatômica ou de energias não representáveis, como a *energia de fundo* que subjaz a todos os entes e em todo o universo, chamada, conforme já enunciamos, por alguns cosmólogos de *o abismo gerador de todos os entes*.

Na teologia se usa o termo *símbolo* ou um outro da mais alta tradição, *sacramento*, mas que exerce a mesma função que o *modelo*: expressar aquilo que não consegue expressar nem apreender diretamente. A linguagem pela qual esses campos do saber se expressam é diferente: a física nuclear usa a matemática; a teologia, a linguagem comum ou retirada da filosofia.

Normalmente a física nuclear ou em geral as ciências da natureza falam dos modelos como *símbolos discursivos*, enquanto a teologia usa o termo de *símbolos representativos*.

O encontro com a realidade física realiza-se no mundo das coisas (imanente) mas que, por sua vez, sempre remete para a dimensão do profundo dessa realidade (transcendente) que se torna perceptível no modelo e pelo modelo (transparente).

O encontro com a realidade do Divino, por sua vez, realiza-se no profundo da experiência (transcendente), que vem representada por símbolos (imanente) que a traduzem precisamente, fazendo então que se tornem transparentes àquela realidade do profundo.

Enfatizam esses cientistas que nesses dois procedimentos verificamos que "é impossível, numa linguagem direta, expressar a realidade atômica ou subatômica, bem como a realidade sagrada ou o Divino". Entretanto, cabe sublinhar: o pensado não é o símbolo ou o modelo, mas a realidade que eles expressam. Portanto, tal realidade não é simbólica, mas real, escapa à nossa compreensão e somente se revela por meio do símbolo ou do modelo.

O uso da matemática pelas ciências naturais ou da linguagem comum pela teologia estão a serviço de uma aproximação do profundo inacessível, tornado transparente mediante os modelos adequados da ciência ou mediante a linguagem simbólica da teologia, apropriada à natureza dessas realidades do profundo.

Cabe, entretanto, relevar que as ciências naturais, especialmente as nucleares, partem de uma realidade dada. Pelo fato de não ser imediatamente captável, ela vem traduzida em modelos. Nas ciências religiosas, nomeadamente na teologia, parte-se de símbolos (a coisa não é tomada como coisa, mas como símbolo) e chega-se à realidade que não é simbólica, apenas traduzida pelo símbolo que, então, se torna transparente a essa suprema Realidade.

Metodologicamente importa reconhecer a conaturalidade dos dois campos, ambos tentando captar aquilo que é inacessível, mas que pelo modelo ou pelo símbolo se tornam, de alguma forma, acessíveis, portanto, fazem-se transparentes. Essa transparência surge quando o inacessível (transcendente) penetra e atravessa o acessível (imanente), de forma que este se torne simbólico e, por isso, transparente. Ou seja, é o encontro de ambos, transformando-se em símbolo (presente na filologia da palavra *sím-bolo:* o encontro de duas entidades). Dessa forma acedemos indiretamente ao profundo, seja da realidade física, seja da realidade metafísica ou divina.

Dessa rápida reflexão concluímos que o simbólico está presente em tudo, seja na cosmovisão dos povos originários, seja na reflexão filosófica e teológica, seja também no discurso científico. O símbolo pertence à natureza humana. Somos seres simbólicos. Nas coisas não vemos apenas coisas, mas nelas deciframos sentidos, beleza e a *grandeur* [grandeza] da vasta complexidade do real e, finalmente, do próprio universo.

Tudo pode tornar-se transparente

A transparência de todas as coisas foi expressa no belíssimo poema do poeta inglês William Blake (1757-1827): "Ver o mundo num grão de areia / e o paraíso numa flor do campo / segurar o infinito na palma da mão / e a eternidade numa hora".

O grão de areia simboliza o mundo todo; a flor do campo é o símbolo do paraíso terrenal, a palma da mão se mostra como o sustentáculo do infinito e a hora é o tempo simbólico da eternidade. São Paulo, de outra forma mais abstrata, assim o expressou: "É nele que vivemos, nos movemos e existimos" (At 17,28). A Deus nunca vamos e de Deus nunca saímos, porque estamos sempre dentro de Deus.

Sempre que a transcendência penetra a imanência, aquela transfigura os entes imanentes em transparentes.

Tal visão simbólica ou sacramental sustenta a reflexão teológica. Essa leitura contempla todas as coisas "*sub specie divinitatis*" a partir da perspectiva da divindade. Clássico nesse caminho se tornou a produção teológica de Santo Agostinho, o maior gênio do pensamento cristão ocidental e africano. Para ele, sacramentos não eram apenas os conhecidos sete sacramentos (batismo, eucaristia, matrimônio etc.), mas tudo na sua leitura era sacramental e simbólico. Afinal, tudo revela o Criador que faz do criado um sinal e um símbolo de sua permanente presença criadora. E tudo se remete ao Criador que a cada momento chama todos os entes do nada à existência e pronuncia a palavra criadora: *Fiat! Faça-se!*

Logicamente, Cristo era considerado o Sacramento Fontal. Em sua gesta, em sua vida, em sua ação libertadora dos sofredores e em sua liberdade diante das tradições que oprimiam as pessoas, mostrou concretamente a amorosidade de Deus que se estendia aos bons e aos maus, aos justos e aos injustos. Todos, independentemente de sua condição moral, são seus filhos e filhas queridos que, em sua misericórdia, não permite perder nenhum deles (Boff, 2024).

Em seguida vinha a Igreja como o Grande Sacramento (*Ursakrament*) por seus ritos, celebrações e sua atividade no mundo. Movida pelo amor, pela solidariedade e pela compaixão, tudo aquilo que a Igreja faz, ela transforma em símbolo e sacramento da divina realidade. Na sua prática pode testemunhar a presença misteriosa de Cristo, feito cósmico pela ressurreição, agora presente em todas as coisas: ao levantar uma pedra ou ao cortar uma madeira lá está ele, como diz um famoso dito do evangelho Apócrifo de São Tomé, datado por volta dos anos 50 da Era Cristã.

Conhecida se tornou a afirmação do arqueólogo, teólogo e místico jesuíta Pierre Teilhard de Chardin: "Não o aparecer mas o transparecer, vale dizer a *transparência* de Deus no universo, eis o grande mistério do cristianismo. Não apenas o raio que risca mas o raio que penetra; não a epifania (aparição) mas a diafania (*a transparência*)" (1957, p. 162).

Com essa compreensão, Teilhard traduziu o que é singular e específico no cristianismo: todas as coisas são sagradas, comunicadoras da transcendência divina, tornando-as dessa forma transparentes. Para essa leitura das coisas, nada é profano. A total profanidade representa um *non-sens*, pois pressuporia que cada coisa tivesse dado a existência a si mesma e que garantisse a sua subsistência. Ela também se remete a Alguém ou a um Mistério que a tirou do nada e fez com que seja o que é. Ela, continuando o que é, torna-se transparente a esse Mistério que a trouxe para a existência. Mas, para isso, precisa-se de sensibilidade pelo simbólico e um olhar mais penetrante da realidade que nos cerca.

O panenteísmo contra o panteísmo

A teologia criou uma categoria própria para expressar essa mútua presença do transcendente no imanente e do imanente no transcendente: o *panenteísmo*. Ele quer dizer: cada coisa (*pan*) está em Deus (*teísmo*) e Deus está em cada coisa. Um não é o outro, porquanto, um é o Criador e o outro é a sua criatura. Mas não há um abismo entre eles, senão uma mútua presença, preservada a diferença.

Não devemos confundir o *panenteísmo* (filologicamente significa tudo (*pan*) está em Deus (*theós*) e Deus está em tudo) com o *panteísmo* (tudo é Deus, o mar, as montanhas, os animais, o universo etc.).

No panteísmo pode haver um erro filosófico: não se considera a diferença das naturezas. Uma é a natureza de Deus, enquanto Criador; outra é das coisas enquanto criaturas. No *panteísmo* tudo é uniforme, conforme expressado pelo filósofo Baruch de Espinosa: "*Deus, sive natura, sive substantia*" [Deus, seja natureza, seja substância]. No *panenteísmo* persiste a diferença – Deus não é a criatura e a criatura não é Deus – mas se sublinha a mútua presença, um está no outro e vice-versa. Dessa forma, todas as coisas, mantidas as diferenças, fazem-se símbolos e transparentes ao Criador.

Quem consegue ver nas coisas, símbolos, nos acontecimentos mensagens de uma Realidade Suprema, onipotente e amorosa, nunca está sozinho e não pode sentir-se solitário. Para onde dirigir o olhar, encontra acenos, indicações, sinais e sacramentos que o elevam a um outro mundo presente dentro deste mundo. Jamais se sentirá só, e sim sempre acompanhado por uma misteriosa e real presença.

Os entes, as coisas, os eventos possuem seu peso e seu valor próprio, independentemente do uso que os humanos fazem deles. Mas todos eles são portadores de sentido, de beleza e de orientação. Tornam-se símbolos e sacramentos dessas grandezas e, por sua própria existência, fazem-se transparentes.

Tais coisas podem ser as mais simples como o par de chinelinhos usados por sua avó querida, o prendedor de cabelos da irmã querida que partiu antes do tempo, a última bituca do cigarro fumado por seu inesquecível pai. Cada um desses objetos, tomados em si, não possuem *preço* monetário nenhum, mas incorporam um *valor* inestimável que dinheiro nenhum pode pagar.

Tudo isso são sacramentos e objetos que falam e se fazem transparentes para esta singela realidade (Ratzinger, 1966).

A vida com suas inevitáveis contradições, em seu lusco-fusco de momentos de sapiência e demência, de pulsão de amor e de rejeição, não anula essa estrutura sacramental e simbólica. Mas quando cair o véu que impede a pessoa de considerar todas as coisas mais que meras coisas, mas como indicações de algo maior, terá todos os motivos para celebrar a vida cheia de sentidos e de sinais, todos estes feitos transparentes daquela misteriosa Presença que, como uma sombra, sempre o acompanha. Descobrirá, perplexo, um mundo encantado de sinais, símbolos e sacramentos na natureza à sua volta, na vida de pessoas íntegras e na Mãe Terra. Tudo se torna transparente para Aquele Ser bondoso que fez ser todos os seres.

Façamos uma sucinta conclusão: uma vez construído o conceito da transparência como mediador da transcendência com a imanência, cabe aplicá-lo a várias dimensões da vida pessoal, social, política, econômica, ética, religiosa e espiritual. Reflexão essa que será feita com o intento de criar uma cultura da transparência.

Seremos sintéticos, interessados em captar o essencial de cada uma dessas dimensões.

A transparência no nível pessoal

O que faria uma pessoa ser transparente? Sucintamente: é aquela que não tem nada a esconder, que é um livro aberto, que é verdadeira, sincera e autêntica. Isso nos leva a discernir duas qualidades decisivas da transparência pessoal: a coerência entre o pensamento e a palavra; e a conformidade entre o pensamento, a palavra e a ação.

Em primeiro lugar deve vigorar uma consonância entre o que se pensa e o que se diz. Não é pensar uma coisa e dizer outra; isso seria incoerência, dissimulação e até falsidade. A palavra deve estar em harmonia com o pensamento. Não significa dizer tudo o que se pensa, mas pensar em tudo o que se diz. Isso torna o discurso transparente e não enganoso.

Em segundo lugar, e o mais importante, consiste na coerência que deve existir entre o pensado, o falado e a prática concreta. Se a prática for coerente, não apenas pontual, mas permanentemente, e assim percebida pelas pessoas, irradia-se a transparência. Ela emerge em sua inteireza e sem rodeios. Tal transparência prática gera a confiança. A confiança suscita nos outros uma atitude também de confiança, algo como uma espécie de realimentação. Pela prática coerente, sem subterfúgios, pela imediatez da relação, você confia na pessoa, pois esta passa a ser vista e sentida como transparente, vale dizer, confiável. Aquilo que ela pratica condiz com seu pensamento e com sua palavra.

Essa relação transparente exige reciprocidade: um confia no outro. Então a comunicação se torna fluida e a relação se dá sem tropeços e artifícios, exatamente porque irradia transparência.

Mesmo se na confiança mútua e transparente surge alguma divergência, essa não é entendida como evasão ou embromação. O diálogo sincero esclarece a divergência e pode levar a uma convergência benéfica a ambos: a transparência mútua cresce e se solidifica. E mesmo se não ocorrer má convergência, um respeita a posição do outro sem com isso pôr em dúvida sua transparência. Como se diz: prefiro a amarga verdade à doce mentira que acaba destruindo a confiança e, consequentemente, a transparência no relacionamento.

A pessoa transparente não usa de *fake news*, não produz discursos falsos, não usa de mentiras para atingir seus objetivos, tampouco se apropria dos meios da inteligência artificial para produzir a figura do outro, colocando-lhe na boca mensagens que não são suas, enganando assim os espectadores. Vale ressaltar que a pessoa transparente não divulga desinformação, nem se exime de pagar seus impostos, sonegando valores ou ocultando bens. Numa palavra, gente transparente é todo cidadão consciente de seus deveres e de seus direitos, é franco e conduz sua vida dentro de padrões éticos nos quais ressalta a solidariedade, o companheirismo, a compaixão para com aqueles que sofrem, o cuidado com todas as coisas, particularmente com as "bondades da natureza", e se dispõe ao sacrifício quando se trata de salvar pessoas sob risco. É assim que a verdadeira pessoa de bem desponta de fato como transparente.

Talvez um exemplo tirado do grande filósofo e teólogo dinamarquês Søren Kierkegaard (1813-1855) torna plástica a coerência e a transparência de uma pessoa.

> Conta-se uma história de uma pequenina cidade onde todos os governantes eram corruptos e perversos. Um comerciante notava que um mesmo homem, todos os dias, discursava inflamado na pequena praça que lá havia em protesto contra todas aquelas maldades. No entanto, ninguém lhe dava ouvidos e transitavam ao seu redor como se nada estivesse acontecendo. Um dia, o comerciante tomou coragem e lhe perguntou: 'Amigo, você não percebe que não estão lhe dando ouvidos? Não se deu conta de que jamais será capaz de mudá-los?' O infatigável pregador sereno, mas firme, lhe respondeu: 'É claro que percebi. Só que o dia em que eu deixar de protestar será um sinal de que eles foram capazes de me mudar'.

Algo semelhante diz o Padre Júlio Lancellotti, pastor cuidadoso da população em situação de rua na cidade de São Paulo: "no dia em que deixar de denunciar a corrupção e as maldades que se fazem contra os pobres é sinal de que me conquistaram; a mim não importam as incompreensões e as calúnias; o que me importa é ser coerente até o fim".

Eis aqui uma prática exemplar de coerência e de transparência: seu pensamento, sua palavra e sua prática não mudam diante da influência do meio corrupto. Tanto o infatigável pregador no texto de Kierkegaard quanto o Padre Júlio continuam com a conformidade entre sua convicção e sua prática. Tal atitude os transformam em pessoas transparentes. Mesmo sabendo que não mudariam os corruptos em pessoas eticamente transparentes, eles mantêm ininterruptamente sua pregação em perfeita consonância entre pensamento, palavra e prática denunciatória.

Há ainda um lado subjetivo da transparência pessoal: não esconder sua vulnerabilidade e compartilhá-la. Todos sentem a necessidade de serem cuidados e simultaneamente têm a inclinação de cuidar dos outros. Pois assim é a condição humana: ela tem seus momentos de alegria e de abatimento, de frustração e de realização, de luz e de sombra (Boff, 1988). Psicanaliticamente diríamos: todos somos portadores de nossas sombras que, normalmente, ocultamos porque são difíceis de aceitar. Pertence à transparência deixar, sem autovitimização, que o outro veja o seu lado vulnerável e deixar-se ajudar. Uma pessoa transparente não vê nenhum vexame ou rebaixamento nisso. É o que faz o encantamento de sua transparência. E como fazem falta em nosso meio pessoas com tal coragem e humildade de aceitar sua vulnerabilidade e sem constrangimento sentirem-se cuidadas.

A transparência no campo da política

Tem-se proclamado em alto e bom som que a política comparece como a mais nobre das missões, pois lhe cabe, coletivamente, construir o bem de todos, considerada, nas palavras do Papa Paulo VI, a forma mais alta de amor. Pois não ama apenas este ou aquele, mas faz de toda a comunidade e de toda sociedade objeto de amor. Nessa linha de pensamento entende-se, realmente, a política como uma das mais transparentes realidades humanas. Entretanto, realisticamente deve-se constatar que a política é também o campo em que viceja a mais grave ausência de transparência. Por causa disso, muitos enxergam na política o mundo do sujo e do falso.

Quais as razões dessa contradição? Vejamos algumas.

A razão principal reside no fato de que a política tem sempre a ver com o poder. Ligados ao poder estão os interesses mais diversos e contraditórios. Isso emerge claramente na famosa elaboração de Max Weber quando aborda a política como *profissão*. Outra evidência clara do poder na política aparece na ideia de *vocação*, conforme o famoso ano de 2018 aos desanimados estudantes da universidade de Munique. Ambas as dimensões expressam formas distintas do uso de poder. Esse poder político transforma-se numa *profissão* quando propicia a busca de vantagens pessoais à custa do bem comum, ao passo que esse mesmo poder, exercido como *vocação*, constitui-se como meio e instrumento para realizar o bem geral e garantir a qualidade humana e ética da convivência social.

Jocosamente, mas não sem um toque de verdade, costuma-se dizer: o político profissional se expressa na primeira intenção quando fala e promete, mas oculta a mais importante que é a segunda intenção, na qual estão seus interesses pessoais e partidários.

A primeira é aquela manifestada e pode aparentar sincera e verdadeira. Mas aquela que para o político conta é a segunda: a intenção de auferir vantagens, entrar em negociatas vantajosas ao preço da negação de qualquer transparência. São os negócios sujos, fruto de corrupção, ou seja, da segunda intenção.

É fato inegável que o poder histórico, da forma como o conhecemos, é habitado por um demônio. Embora possa ser um anjo benfazejo que se propõe à realização e à coordenação do bem para todos, ele tem um dinamismo irrefreável de expansão e de autoasseguramento.

O poder quer sempre mais poder. Caso contrário, diminui-se o poder ou é absorvido por outro maior até deixar de ser poder.

Efetivamente, ele pode ser exercido como instrumento de corrupção, de vantagens individuais, de riqueza e *status*, mediante manipulações, assalto aos bens públicos, corrupção na realização de projetos governamentais, sonegação de impostos e roubo direto de bens públicos, como desvio vultoso de dinheiro, resultado do trabalho de todos os cidadãos e cidadãs. Nesse campo não pode vicejar a transparência. É sob o manto da intransparência que as perversidades são perpetradas.

Nesse contexto, vale ressaltar o uso da categoria transparência no sentido político-econômico como foi introduzida a partir de 1987 (Rodrigues, 2020; Michener; Bersch, 2013) e firmada definitivamente em 1990.

Cristalizou-se a ideia de transparência nos conhecidos portais da transparência, seja do Governo Federal, dos estados da federação e dos municípios, seja de ONGs e de empresas privadas. O conceito não é novo. Encontra-se já na obra de Jean-Jacques Rousseau e em Jeremy Bentham no século XVIII.

Modernamente, a transparência surge como uma exigência democrática e de governança; a natureza das informações e dos dados produzidos devem ser levadas a sério para avaliar o quão transparentes são as instituições.

Nesse sentido político-econômico, a transparência deve se caracterizar pela *visibilidade* e pela *inferabilidade*. Pela *visibilidade*, os dados e informações devem ser facilmente visíveis aos cidadãos, às instituições reconhecidas e aos organismos de controle do Estado. A *inferabilidade* responde pelas inferências que os conteúdos dos portais podem produzir em termos de estatísticas, cruzamentos de informações, descobertas de atos ilícitos ou corruptos e outras finalidades mais.

Junto com a transparência, como sua irmã siamesa, sempre vem a *accountabilidade*, que é a forma como os processos e as decisões são tomadas. Ambas estão sob a regência da transparência. (Hood; Heald, 2006). Cada campo de ação e de atividade social apresenta a sua adequada transparência, algumas formas podem ser limitadas quando se trata da segurança nacional e do combate à associação criminosa ou assuntos reservados, como a segurança dos governos. A transparência plena como um valor absoluto é inalcançável, mas geralmente se pode lograr um grau razoável de provimento de informações, sempre em conformidade com a realidade de cada instituição e tipo de medida política.

Instituições públicas, como universidades, hospitais, centros de investigação e pesquisa, organismos de serviço beneficente, ONGs, estabelecimentos públicos, entre outros devem estar sob a égide da transparência. Os portais da transparência constituem o melhor antídoto contra a corrupção, além de propiciar o acesso dos cidadãos ao controle sobre o investimento e a aplicação do dinheiro público. Sem a transparência, a capacidade sedutora do poder, especialmente quando concentrado em poucas mãos, facilmente induz à busca do benefício individual ou corporativo e, assim, o poder se torna corrupto e as políticas públicas intransparentes (Holler; Rosendorff; Vreeland, 2011).

Em razão do nosso tipo de sociedade, na qual de tudo se faz negócio e se transformou num grande mercado, a transparência, atestam os estudiosos, não raro é obscurecida e até posta de lado, o que demanda esforços constantes dos próprios governos e da sociedade em mantê-la viva e atuante (Abdala; Torres, 2016). Ultimamente se introduziu, a partir dos Estados Unidos, uma *eugenia cívica* que significa: não reconhecer a cidadania, no caso, norte-americana a crianças nascidas naquele país, mas que são filhas de pais imigrantes ilegais, o que vai contra a legislação vigente e representa um abuso manifesto de poder autoritário.

A propósito, não sem uma porção de verdade, constatou o historiador católico inglês Lord John Acton (1843-1902): "O poder tem a tendência a se corromper e o absoluto poder a se corromper absolutamente", o que é amplamente testemunhado historicamente. Por isso, o poder deve estar continuamente sob controle: pela ordenação jurídica, pela divisão dos poderes, pela rotatividade e alternância de seus gestores e pela crítica externa.

Se há uma cultura da transparência, há igualmente uma *cultura da intransparência*, da ocultação dos dados e procedimentos, pela reserva dos resultados, e por sua manipulação, pela corrupção direta, como pilhagem dos bens do Estado e de outras instituições financeiras.

Hoje, pelas plataformas digitais, se introduziram *fake news*, sinônimo de mentira deslavada, de distorção dos fatos, de calúnia e de política de ódio, por meio de meios de poder destruidores da reputação de pessoas honestas. Muitos, até mesmo pessoas de notório saber e de reconhecimento na comunidade científica, sem provas claras, são difamados de assédio sexual. Mesmo antes de se fazer a verificação e instaurar o processo legal, são destituídos de suas cátedras ou funções e são publicamente linchados. Há casos notórios como de celebridades no campo da ciência ou das artes que foram vítimas de tais ações.

A aplicação de *lawfare* por juízes corruptos ou a serviço de alguma tendência partidária tem prejudicado eleições e destruído psíquica e até economicamente a vida de um sem-número de pessoas, podendo até sofrer os horrores das prisões e, no limite, cometerem suicídio.

Há chefes de Estado, como foi o caso durante a administração do ex-presidente Jair Messias Bolsonaro, que usam da mentira direta em sua comunicação com os cidadãos. Outros denominam a mentira oficial de verdade paralela. É o reino da pós-verdade, vale dizer, verdade é tudo aquilo que a mim me beneficia, sem qualquer relação com os fatos reais.

Tal perversão do conceito de verdade seguramente levaria o ícone da busca incessante da verdade das virtudes e das coisas, Sócrates, a não precisar beber o cálice com cicuta, pois, de perplexidade, de desgosto e de protesto dar-se-ia a si mesmo a morte.

Apesar de nossa situação mundial obscura e enganadora, dominada pela voracidade da cultura do capital que perverte as relações sociais, fazendo de todas as relações não só objeto de uso, mas também de comércio, mesmo as mais sagradas como a religião, a consciência e a ciência, não cabe desqualificar toda ação política como essencialmente intransparente.

Há políticos notáveis que são íntegros, que atravessam as suas vidas com atitudes a descoberto e sujeitas à análise crítica daqueles que suspeitam de obscuridades e tramoias. Se não os houvesse como exemplos de transparência em todos os níveis, a sociedade não se sustentaria em seu funcionamento normal e ético e perderia sua estatura humana.

Mesmo assim, cabe introduzir uma consideração crítica. Sabemos que o poder constitui um dos arquétipos mais poderosos da psique humana. O portador de poder (todos possuem algum tipo de poder) goza da sensação de participar de algo particular, próprio do divino: de decidir o destino das pessoas e com seu poder construir ou destruir os mais promissores projetos.

Famosa e verdadeira é a frase de Thomas Hobbes (1588-1679) em seu *Leviatã*:

> Assinalo, como tendência geral de todos os homens, um perpétuo e irrequieto desejo de poder e de mais poder, que cessa apenas com a morte. A razão disso não reside num prazer mais intenso que se espera, mas no fato de que não se pode garantir o poder senão buscando mais poder ainda.

É nessa busca de poder e de mais poder que reside a negação da transparência. O poder dominador sempre esconde suas trapaças e a perversidade de suas intenções. Ele se gesta a partir de mentes corruptas e intransparentes.

A questão não reside tanto no poder em si, pois constitui uma realidade universal, mas no *seu uso e controle* que, para ser legítimo e ético, deve ser transparente.

A transparência do poder exige que todos os seus métodos e processos possam ser verificados e controlados, seja pela legislação e pelos devidos aparelhos do Estado ou simplesmente pelos cidadãos participativos e críticos. É o alto valor dos portais da transparência vastamente estabelecidos, conforme assinalamos acima.

O poder historicamente conheceu inúmeras formas de exercício, muitas delas tirânicas e desumanas, outras participativas, justas, transparentes e benéficas. Mas esqueçamos, por um momento, o poder exercido em nossas sociedades dominantes com as contradições já referidas.

Consideremos outro tipo de exercício de poder, por nós sequer imaginado, mas totalmente transparente, sem qualquer duplicidade estigmatizante. Refiro-me à transparência no exercício do poder político-tribal entre os indígenas Guarani, na região sul do Mato Grosso.

Um pesquisador francês Louis Necker (1990) nos traz um relato impressionante acerca desse tema. Permito-me transcrever alguns tópicos ilustrativos de como se exercia e ainda se exerce o poder entre eles.

> O chefe [guarani] não tinha poder de coerção. Seus 'súditos' aceitavam sua autoridade e sua preeminência só na medida das contraprestações que recebiam dele. O chefe dirigia os empreendimentos comunais [...]. Tinha um privilégio: a poligamia. Era-lhe permitido conviver com mais mulheres, em razão do volume de funções que lhe eram atribuídas.
>
> [...] Tinha obrigações bem precisas cuja não execução podia significar-lhe o abandono de seus súditos: conduzir, hábil e de forma transparente para todos, a política exterior do grupo, tomar decisões judiciosas em matéria econômica, repartir com justiça entre as famílias nucleares os lotes de terreno preparados para o plantio, em mutirão, manter a paz no grupo e muitas vezes ter qualidades de xamã, úteis ao grupo, como o poder de curar ou manter sob controle as forças sobrenaturais.
>
> Era muito importante que o chefe fosse eloquente. E sobretudo devia ser generoso. Como notou o grande antropólogo Claude Lévi-Strauss, nos povos do tipo dos Guarani, '*a generosidade é o atributo essencial do poder*'. Para conservá-lo o chefe devia sem cessar galardoar presentes de bens, de serviços, de festas para toda a tribo [...].

> Na selva tropical, este tipo de obrigação pode ser tão pesada que o chefe se via obrigado a trabalhar muito mais que os outros (daí ter mais mulheres) e a renunciar a quase toda posse de bens para si mesmo. Era o papel do chefe [...] dar tudo o que lhe pedissem. Em algumas tribos se pode sempre reconhecer o chefe na pessoa que possui menos que os outros e leva os ornamentos mais miseráveis. Tudo que possuía fora doado em forma de presentes (Boff, 2017).

Aqui temos, exemplarmente, uma forma de exercício de poder, não como dominação, mas como serviço totalmente transparente.

Tal forma de exercício de poder nos faz lembrar o ensinamento do Mestre de Nazaré que disse a seus discípulos:

> Sabeis que os que parecem governar as nações as oprimem e os grandes as tiranizam. Entre vós, porém, não deve ser assim. Ao contrário, quem de vós quiser ser grande, seja vosso servidor; quem quiser ser o primeiro, seja o escravo de todos. Pois também o Filho do homem não veio para ser servido mas para servir e dar sua vida em resgate de muitos (Mc 10,42-45).

No seguimento dessa doutrina, todo poder que não reforçar o poder dos outros (portanto é sempre repartido e participativo), e não for um serviço à comunidade, corre o risco de perder sua altura ética e transformar-se em uma forma de dominação.

Como transparece, não fatalmente o poder é opressor e forma uma dominação sobre os outros, mas também pode ser o poder como serviço controlado e a serviço de todos.

A transparência no campo da economia

Talvez haja poucos espaços sociais em que a transparência seja mais comprometida do que no âmbito da economia, mais concretamente, dos negócios. Mas também a transparência pode se realizar ali, pois a economia representa um dos pressupostos que garantem os meios de vida e de sua continuidade. Só por esse fato tão essencial, a transparência nessa área é indispensável e necessária.

Recuperemos uma visão simples da economia: o sentido originário da economia consiste em responder a essa questão existencial: como garantir suficientemente elementos materiais e infraestruturais para a manutenção das pessoas e garantir a continuidade da vida de todos?

É sabido que historicamente a economia que originalmente era de subsistência, de escambo, passou, nos últimos séculos, a ser um intrincado processo de produção e de acumulação de bens e serviços nos quais a transparência nem sempre é garantida e, muitas vezes, vem misturada com a intransparência (Oliveira, 1993a, 1993b).

Onde interesses nem sempre convergem e muitas vezes se fazem antagônicos e se enfrentam, nesse lugar emergem facilmente os mecanismos de ocultação da verdade, elaboram-se engodos e manipulações, numa palavra, predomina a intransparência. Mas, quando as transações se fazem em clara luz, na lógica do ganha-ganha, ali pode se realizar a transparência com seu sentido originário.

Por exemplo, em um nível empresarial, as relações se tornam transparentes quando os diretores ou dirigentes compartilham com os funcionários as dificuldades, os bons resultados alcançados e eventualmente também apresentam as falhas e os prejuízos ocorridos. Tal transparência faz com que todos se sintam envolvidos e valorizados. Dessa forma cresce a confiança entre todos, pois esta, a confiança, é essencialmente transparente.

Abstraindo das várias formas em que a economia foi desenvolvida ao longo da história, concentramo-nos naquela hoje predominante: a economia política do capitalismo neoliberal e financeirizado.

O sistema capitalista, seja como modo de produção, seja como forma de organizar a sociedade sob o liberalismo e sob o neoliberalismo radical, com princípios próprios das diferentes escolas, e também o capitalismo como cultura, encerra em sua dinâmica um alto grau de negação da transparência.

De saída, não permite a transparência na forma como se busca a acumulação de riqueza. Tal sistema é fruto de uma dupla exploração: uma ecológica e outra social.

Em ecologia, o modo de produção capitalista, em sua lógica, comporta uma verdadeira injustiça para com os bens e serviços naturais. Estes são apropriados individual ou corporativamente pela competição sem qualquer sentido de cooperação. Tem como propósito um crescimento/desenvolvimento ilimitado no falso pressuposto de que a Terra seria uma espécie de baú com recursos ilimitados. Na verdade, o planeta já velho e secularmente explorado, é limitado em seus recursos – os povos originários os chamam de "bondades da natureza" – e não suporta semelhante projeto ilimitado. O Papa Francisco em sua encíclica *Laudato si'* considera esse tipo de desenvolvimento ilimitado uma mentira (n. 106).

O capitalismo ao insistir e ao prolongar semelhante intento que representa uma verdadeira guerra contra a Terra, sem nenhuma chance de vitória, experimenta, dolorosamente, as reações de Gaia que é viva e produtora de vida. Em reação, ela envia centenas de tipos de vírus e inúmeras bactérias de diferentes espécies, eventos extremos, de um lado secas severas e de outro grandes inundações ou nevascas jamais ocorridas antes, grandes incêndios como na Califórnia, na Amazônia e no Pantanal, o aquecimento da Terra crescente (ultrapassando o limite estabelecido de 1,5 graus Celsius), que termina ameaçando a biosfera, a biodiversidade e pondo em risco as bases físico-químicas e ecológicas que sustentam a vida neste planeta.

A segunda injustiça é de natureza social. Ela foi magistralmente estudada pela tradição marxista e se caracteriza pelo fato de ocultar os mecanismos de como é conquistada a riqueza. Ela resulta da exploração da força de trabalho dos operários em todos os níveis de suas atividades, desde o simples trabalhador no chão da fábrica até o técnico e o cientista a serviço de uma empresa. E, conforme acabamos de descrever, também da pilhagem sistemática dos bens naturais. Aqui reside sua mais grave intransparência (Oliveira, 1995).

Hoje se assiste a uma sinistra transformação do capitalismo: a riqueza, acumulada em pouquíssimas mãos (1% da humanidade), não se destina mais à produção de bens para uso humano. Ela, em grande parte, se transformou num processo de financeirização colocado na nuvem, inserido no âmbito especulativo. Vale dizer, dinheiro produz dinheiro sem a necessidade do trabalho e se faz um fim em si mesmo. A obsessiva e ininterrupta acumulação pela acumulação é considerada um valor acima de qualquer outro (Oliveira, 2020).

Sempre será mais lucrativo investir em atividades financeiras improdutivas do que na produção industrial. Essa financeirização acaba destruindo as forças produtivas, freando o desenvolvimento industrial dos países. Isso ocorre especificamente nos Estados Unidos, que se transformou numa nação-imperial em declínio, nação predadora, servindo-se do dólar como moeda de referência e garantia de valor.

Usa sua supremacia financeira e até militar para dominar, apoiar golpes de estado, intimidar e saquear outras nações, como o mostrou irrefutavelmente Emmanuel Todd em seu instigante livro *A derrota do Ocidente* (2025).

Os detentores da riqueza, o 1% da humanidade, projetam para seus interesses uma espécie de despotismo cibernético. Mediante a inteligência artificial, com seus bilhões e bilhões de algoritmos, pretendem controlar cada pessoa e a inteira sociedade para manter a todos submissos ao seu domínio.

Esse seu projeto sinistro dificilmente progredirá, pois a todo poder sempre se contrapõe um antipoder. A humanidade rejeitaria tal intento desumano de absoluta dominação. A contestação e a resistência seguramente cobrarão milhares de vidas humanas sacrificadas pela voracidade sem medida desse propósito – chamado de *great reset*, ou a grande reinicialização. Especialmente vítimas serão aqueles grupos e organizações que propõem um outro sonho e projetos alternativos de agroecologia, de uma economia circular, de uma ecodemocracia participativa, de um desenvolvimento sustentável a partir do território e da biorregião, capazes de assegurar a integridade da Terra, a vitalidade da natureza e o mínimo de bem-estar para toda a sociedade.

Todo esse processo econômico-social das elites mundiais do atraso e da desumanização implica muitas contradições, sempre encobertas pela mentirosa ideologia de um avanço tecnológico proposto como benefício (ilusório) para a sociedade mundial. Sua função é de ocultação e encobrimento dos meios e das dinâmicas escusas na construção da acumulação e da riqueza das grandes corporações nacionais e transnacionais.

A ideologia usa da distorção e da desinformação dos referidos processos com ajuda dos meios convencionais, como o rádio, a televisão e os grandes jornais. Além disso, a ideologia também usa de meios mais modernos, como os virtuais, seja via internet e seus derivados (Instagram, Facebook, X, *deepfakes*, DeepSeek), seja de modo altamente eficaz pela inteligência artificial (IA). Esse braço ideológico das grandes corporações representa a negação total da transparência.

Talvez nunca antes na história surgiu um sistema econômico-social-mediático tão refratário à transparência. As *big techs* que detêm um imenso poder e acumulam fortunas bilionárias como Meta, X, Google, Amazon e outras só conseguem seus ricos negócios subtraindo-se da transparência. De resto, a enganação, a trapaça, o encobrimento de dados pertencem à lógica desse sistema malvado e cruel, obcecado pelo lucro e pela acumulação sem limites de riqueza e de poder. Nesse campo, a transparência é o maior inimigo. Quase tudo é feito numa atmosfera controlada por alguns em que impera a intransparência e domina a lógica da competição em oposição a qualquer sentido de cooperação.

Governos que incorporaram esse sistema ou estão a ele submetidos, obrigam-se continuamente a sonegar a verdade a seus cidadãos, condenando-os à desinformação acerca das desigualdades, opressões e injustiças sociais e ecológicas por ele produzidas.

Entretanto, cabe enfatizar que nenhum sistema, por mais cerrado e insensível que se apresente, pode escapar totalmente da força intrínseca do que é justo, verdadeiro e transparente. Haverá sempre resistentes e um antipoder que imporá limites ao poder dominante, desmascarando sua intransparência e consequente desumanidade.

Bem observava Max Weber (1864-1920) ao término de sua vida, quando, finalmente, se confrontou com o projeto capitalista de exploração: o capitalismo criou para si, dizia, uma jaula de ferro (*Stahlhartes Gehäuse*) da qual não consegue mais se libertar. Ele, globalizado, vê-se forçado a continuar com sua dinâmica devastadora, visando a maior acumulação de riqueza possível. Ao perdurar e aprofundar sua violência, pode levar a nossa civilização a um grande impasse e ao risco de um verdadeiro colapso. O veredito de Max Weber é severo: "O que nos aguarda não é o florescimento do outono, nos aguarda uma noite polar, gélida, sombria e árdua" (Löwy, 2017) Eu acrescentaria: nos aguarda a eventualidade do desaparecimento da espécie humana, pois, criou-se o princípio da autodestruição com todo o tipo de armas letais.

A disputa entre as grandes potências por uma nova configuração do mundo: por um lado a manutenção com violência de um mundo unipolar e por outro a vontade de fazer valer um mundo multipolar, pode culminar com uma guerra nuclear terminal que realizaria a fórmula: 1 + 1 = 0, vale dizer, havia a autodestruição completa dos contendores (1 + 1), levando a um destino trágico a inteira humanidade (0).

Num contexto assim dramático, ganham relevância os apelos do Papa Francisco em sua encíclica dirigida a toda a humanidade e não só aos cristãos, *Sobre o cuidado da Casa Comum* (*Laudato si'*, 2015): "As previsões catastróficas já não se podem olhar com desprezo e ironia. Às próximas gerações, poderíamos deixar demasiadas ruínas, desertos e lixo [...] que o estilo de vida atual – por ser insustentável – só pode desembocar em catástrofes" (n. 161).

Na encíclica *Fratelli tutti* (2020), Francisco radicaliza sua advertência diante da percepção de que estamos todos no mesmo barco; ou nos salvamos todos ou ninguém se salva (cf. n. 34). E não há um barco alternativo para o qual se pode pular e destarte nos salvar.

Mesmo nesse quadro sombrio, há pessoas corretas, seja CEOs de grandes corporações, ministros de Estado, políticos e simples funcionários que conduzem suas atividades com clara transparência, não raro superando solicitações desviantes e verdadeiras tentações de vantagens individuais fáceis, as quais envolveriam práticas de corrupção e, assim, um certo sacrifício à transparência.

Observava sabiamente o Papa São Gregório Magno (440-461), aquele que enfrentou a invasão de Roma pelos hunos e foi feito prefeito da cidade por sua sabedoria e transparência: "Usa sabiamente o poder quem sabe geri-lo e, ao mesmo tempo, sabe resistir a ele". Vale dizer, evita-se o apelo do poder de assegurá-lo com mais poder ainda. Ou seja, resiste a essa verdadeira tentação, mantendo a natureza verdadeira do poder como meio para o bem de todos. Então se torna, de fato, transparente.

A transparência no campo econômico exige a capacidade de resistir a insidiosas atrações das vantagens oferecidas pelos negócios fáceis e corruptos. Mas os agentes econômicos, firmemente leais, podem se reger, com ciência e consciência, pela virtude da transparência, garantindo honestamente seus lucros. Assim a economia é o que deve ser: a garantia e o cuidado das condições materiais que sustentam a vida humana neste planeta, mas não só para alguns beneficiados em detrimento de outros, como também a vida da natureza da qual depende nossa existência e da qual somos parte e responsáveis por sua sustentabilidade.

Cabe enfatizar que a verdadeira riqueza não cabe na conta do produto interno bruto (PIB), como o amor, a amizade, a solidariedade, a benquerença, o cuidado de uns para com os outros e para com a natureza. São esses valores humano-espirituais que significam a real riqueza que traz bem-estar, desafogo nas necessidades e realização pessoal e coletiva de uma sociedade. Há ricos e bilionários que são tão pobres que apenas possuem dinheiro. Faltam-lhes a sensibilidade para com as necessidades de seus semelhantes e o realismo da fugacidade da riqueza material, da polpuda conta bancária, no número de fazendas e de mansões e de outros bens desse gênero que não serão levados para o além-túmulo.

A transparência no campo religioso

No campo religioso, como foi considerado anteriormente, as coisas, os atos e os acontecimentos são mais que acontecimentos, atos e coisas. Eles remetem a realidades que vão além disso e se fazem símbolos e sacramentos dessas realidades. Tornam-se transparentes da realidade representada por eles e dentro deles (Leeuw, 1959, p. 177).

Bem afirmava o eminente teólogo e filósofo Paul Tillich: "sacramentos (símbolos) são todos os objetos ou processos nos quais o transcendente se torna presente e pode ser percebido" (1959, p. 119).

Todas as religiões possuem isso em comum: operam e lidam com símbolos, ritos e ações, meios pelos quais o Sagrado, o Transcendente e o Inacessível se tornam sensíveis para os seres humanos. De outra forma continuariam fora de nosso alcance, pois o transcendente de fato transcende nossas faculdades e capacidades. Mas, por essas realidades, ele se faz presente em nosso mundo por meio dos símbolos e sacramentos. Assim sendo, a característica central do campo religioso reside na transparência de todas as coisas que deixam de ser coisas para se fazerem símbolos e sinais do transcendente.

Aqui há dois riscos a serem evitados: o primeiro consiste na cristalização e no engessamento do símbolo ou do rito. Eles são considerados em si mesmos sem realizar o que deveriam, que é remeter à realidade da qual é símbolo ou sacramento. Esse fenômeno ocorre no tradicionalismo e no fundamentalismo ao manter tais realidades fechadas em si em nome da preservação da tradição. Nesse caso, o símbolo se torna mudo e opaco, pois perdeu sua transparência. Ele se tornou um objeto, algo imanente e subsistente em si mesmo. Com isso perdeu sua natureza e função que é permanentemente remeter a uma realidade que o transcende, mas que simbolicamente o traz ao mundo e assim realiza a transparência de todas as coisas. Essa é a tentação da idolatria.

Outro risco consiste na centração total no transcendente como se fosse um ente subsistente em si mesmo. Isso contradiz o próprio conceito de transcendente pois, por sua natureza, o transcendente não pode ser objetivado e captado em si mesmo. Perderia sua natureza de transcendente a todo tipo de compreensão e apreensão direta. Tal desvio torna a religião, ou o Sagrado, algo abstrato, longe da historicidade humana, sem ritos e símbolos e, no fundo, vazio.

As religiões necessitam da junção de ambas as dimensões, do transcendente e do imanente, que se interpenetram por meio do universo dos símbolos, dos sinais, dos ritos e dos sacramentos pelos quais a transparência se torna real. Dito de outra forma: o transcendente, digamos, a divindade ou o Sagrado, nunca se dá epifanicamente, diretamente. Entrega-se à experiência humana sacramental ou simbolicamente, vale dizer, de forma indireta e sempre mediada por outra realidade. A realidade então assume a função sacramental e simbólica e nela se realiza a transparência.

Tomemos como exemplo a celebração eucarística com o pão e o vinho seja feita pela Igreja Católica ou por outra igreja ou confissão cristã. Logicamente o pão é pão em seu conteúdo físico-químico, que pode ser descrito e decomposto em seus componentes. Da mesma forma, o vinho é uma bebida, fruto da uva e possui sua densidade material própria.

Na celebração, no entanto, o pão e o vinho se tornam para os fiéis um sacramento. Segundo a fé cristã, nesses elementos faz-se presente o próprio Cristo que, simplificando a linguagem, disse: "tomai deste pão, bebei deste vinho que sou e que se entrega a vós".

Como se depreende, os elementos materiais não deixam de ser o que são, mas tanto o pão quanto o vinho remetem à presença de Cristo. Tornam-se transparentes dessa realidade inefável que, em si, seria invisível, mas que pela celebração confere uma visibilidade sacramental do Cristo aí presente.

A própria ceia, em si, possui uma densidade simbólica. Nela, mesmo a mais cotidiana, não se trata apenas de um ato de nutrição. É um ato de comunhão entre os comensais, com os alimentos, com a natureza que os produziu e com aqueles que os cultivaram com seu trabalho e aqueles que os preparam para serem consumidos. Todo esse processo deveria estar presente na consciência daqueles que participam da ceia-comunhão. Então, tudo vira sacramental e simbólico, algo que vai além da mera nutrição (Leeuw, 1959).

O mesmo poderíamos falar da água usada no rito do batismo. A água não deixa de ser H_2O. Mas, na celebração batismal, ela se torna transparente para o significado sagrado: ela é vida, purifica, a água se conta entre um bem natural, essencial, insubstituível para todo tipo de vida, a água é o Cristo presente que disse à mulher samaritana: "a água que eu der, será uma fonte que jorra para a vida eterna" (Jo 4,14).

Na celebração do batismo se escondem os vários nascimentos: cada criança a ser batizada nasce como expressão da vitalidade do cosmos que gerou o ser humano. Mas é um nascimento sem nome. Em seguida, a pessoa nasce para a sociedade, por isso, é recebida socialmente pela família e, assim, recebe um nome. O nome é seu sinal e seu símbolo de pertença social. Nasce também para a comunidade de fé, pois o batismo é um rito de iniciação e de adesão à comunidade cristã. O batizado torna um cristão, deixando de ser um pagão, como se diz comumente. Por fim, o batismo representa algo ainda maior: por ele somos reconhecidos como filhos e filhas de Deus. Já o somos pela existência natural, social e pela vontade amorosa de Deus que quis essa criatura (Sab 11,20-24). Ela é de fato filho ou filha de Deus. Pelo batismo, entretanto, esse fato bem-aventurado é trazido à consciência e é celebrado. Passa-se a pertencer à família de Deus.

Como a existência de cada um que vem a este mundo vem assinalada pela história pregressa, marcada pelo amor e pela comunhão, mas também pelos fracassos e maldades, o batismo assume também o símbolo de uma purificação. Trata-se de um recomeço. Ele é apenas inicial, por isso o batismo é considerado um sacramento de iniciação: inicia-se um processo de purificação do peso das sombras que ao nascer herdamos do passado e vamos nos purificando ao largo de toda vida num processo de recriação que só termina com a morte, momento em que acabamos de renascer.

O fenômeno religioso constitui um dado dos mais ancestrais, percebendo que ele está envolto por um mistério que pervade toda a realidade e que continuamente a cria e a sustenta. A religião talvez seja uma das maiores, senão a maior, criação do ser humano ou de suas culturas. Por mais que tenha sido perseguida no intento de exterminá-la, sempre subsistiu e continua a se enriquecer.

Nela agem mais que ideias e doutrinas, agem energias poderosas que transformam a vida e dão força diante dos dramas humanos, conferindo assim um sentido que transcende o horizonte deste mundo.

Como é uma criação cultural e se encontra inserida na história e na sociedade, com seus conflitos, avanços e retrocessos, ela participa dessa complexidade. Por seu alto valor, é solicitada para cumprir várias funções: a mais fundamental é a de tirar de seu anonimato aquela Energia que deu origem a todas as coisas e ousar dar-lhe um nome, Tao, Javé, Olorum, Deus.

Em seguida, cabe a ela oferecer um sentido derradeiro às buscas humanas por luz e por um caminho verdadeiro. Com isso ela confere coesão social a toda uma comunidade e cultura. Tanto mais é transparente quanto mais consegue por meio do mundo simbólico conferir visibilidade àquilo que, em sua essência, é invisível e transcendente.

Por isso é questionável a afirmação de Nietzsche sobre a morte de Deus. Um Deus que morre não é Deus. Conforme o filósofo, o fato é que nós o matamos. Com isso, Nietzsche quis dar significado ao drama do mundo moderno, que perdeu um centro e um fator que lhe conferisse coesão, como outrora o fazia a ideia de Deus. Em seu lugar, entraram os direitos humanos, a dignidade de cada pessoa e as liberdades modernas. Mas cabe reconhecer, nenhum desses valores apresenta a densidade de conferir coesão e um sentido definitivo aos seres humanos.

Os direitos são continuamente violados, a dignidade humana nunca foi tão pisoteada do que nas guerras modernas; e as liberdades, não raro, são usadas para manipular, submeter outras pessoas e a falsificar a realidade.

Assim, alguns indivíduos, libertos da ideia de Deus, vivem numa profunda solidão, não raro perdidos e sem rumo, coisa que a ideia de Deus conferiu por séculos. A secularização total nunca é total, pois seu repertório de recursos intelectuais e morais não tem capacidade de apontar um futuro *esperançador* e um sentido derradeiro para a história e para a humanidade. O ser humano sente necessidade de algo que realize seu desejo infinito que o devora. Esse seu infinito não é senão eco do real Infinito que o chama para um encontro de plena humanização e realização bem-aventurada.

Mas a religião assumiu historicamente uma profunda ambiguidade, claramente descrita por Karl Marx na *Crítica da filosofia do direito de Hegel* (2005). Ao lado das observações negativas que faz da função social da religião, reconheceu também seu momento de verdade ao afirmar:

> A religião é a teoria geral deste mundo, o seu resumo enciclopédico, a sua lógica em forma popular, o seu *point d'honneur* espiritualista, o seu entusiasmo, a sua sanção moral, o seu complemento solene, a sua base geral de consolação e de justificação. [...] A miséria religiosa constitui ao mesmo tempo

> a *expressão* da miséria real e o *protesto* contra a miséria real. A religião é o suspiro da criatura oprimida, o ânimo de um mundo sem coração e a alma de situações sem alma. A religião é o ópio do povo (2005, p. 147).

Marx percebeu a dupla função que a religião pode assumir na história: ela pode ser a expressão de "um mundo *sem coração*, a alma de situações *sem alma*", coisa que é clara no quadro do capitalismo desumano e explorador. Aqui prevalece a intransparência e poderíamos afirmar a negação de toda transcendência. Ao mesmo tempo é "o suspiro da criatura oprimida" e "o *protesto* contra a miséria real", situação vivida pelos oprimidos em busca de libertação (2005, p. 51).

Ela não é um "ópio *para* o povo", mas sim um "ópio *do* povo". Desumanizado e destituído de todo poder de transformação da realidade que o oprime, resta-lhe a religião como alívio, como o oferecimento de um sentido que socialmente lhe é negado. Nesse sentido, a religião se faz transparente como uma forma de *protesto* e como *indignação* contra um tipo de sociedade capitalista que o explora e lhe impede o acesso aos bens fundamentais para uma vida minimamente decente.

Dizendo diretamente: ao longo de sua história, a religião se prestou, por um lado, como justificativa da situação dos ricos e, por outro, também como reforço dos pobres que protestam contra a opressão que sofrem dos ricos.

Por sua natureza, a religião está sempre do lado do oprimido, do direito violado e em favor da justiça e da vida. Mas pode ser desnaturalizada pelo poder dominante e opressor.

Essa contradição encontramos infelizmente na história da Igreja Católica como grande instituição: desde o século III, foi capturada pelo poder político que fez dela a justificativa ideológica de um *status* de privilégio (clero) e de dominação social. Mas, ao mesmo tempo, foi fonte de protesto e de denúncia contra a dominação, colocando-se claramente ao lado das vítimas.

Por essa razão, encontramos ainda hoje, por um lado, católicos tradicionalistas e saudosistas do poder social e político que a Igreja detinha no passado junto aos poderosos e, por outro, surgem católicos progressistas, inspirados na prática de Jesus e que se colocam ao lado dos oprimidos e dos "invisíveis". Estes últimos encontram sustentação teórica na teologia da libertação, cuja opção axial é pelos pobres, contra a pobreza e a favor da libertação.

Ambas as expressões revelam como a relevância da religião é importante tanto para um lado quanto para o outro, seja como legitimação, seja como protestação.

Cabe, entretanto, sempre colocar a questão: qual é, na verdade, a sua função social, além daquela especificamente religiosa? Dito em termos teológicos, expressos na grande encíclica do Papa Paulo VI, *Evangelii Nuntiandi* (1975): sua missão não é nem religiosa nem social, mas sim *evangelizadora*. Isso significa que os valores do projeto de Jesus, o Reino, devem ser anunciados e vividos. São eles: o amor incondicional, a solidariedade, a compaixão e a centralidade dos pobres, a justiça e o cuidado para com todo o criado. Tais valores devem ser vividos tanto no campo religioso quanto no campo social. É então que se dá a missão evangelizadora da Igreja. Essa missão se revela libertadora e nessa medida se faz transparente à realidade do Reino, o grande sonho e projeto do Jesus histórico.

O critério mais seguro e prático é considerar se ela se espelha na vida, nos exemplos, nas posições tomadas pelo seu fundador, Jesus de Nazaré. Com absoluta certeza ele era a favor dos pobres, dos marginalizados, dos invisíveis, dos doentes e dos fracos. Sempre se distanciou veementemente de todo tipo de poder como dominação. O único poder que prega e vive é aquele do amor, da compaixão e do cuidado pelos menos favorecidos.

Não sem razão foi vítima dos dois poderes dominantes, o religioso do judaísmo da época e o político da ocupação romana. Ambos o condenaram ao suplício mais vergonhoso que é a crucificação fora dos muros da cidade, sinal de maldição divina. A ressurreição como evento misterioso, testemunhado por seus seguidores, representa tanto a insurreição contra aquele tipo de justiça que condenou aquele que passou pelo mundo somente fazendo o bem, quanto a afirmação do alto significado da sacrificação de uma vida coerente e transparente, a qual Ele anunciou e viveu ao lado dos humilhados e ofendidos. Jesus não morreu porque todos morrem. Ele foi assassinado por uma decisão judicial em razão da causa que representou com total transparência, como a verdadeira causa de Deus, um Reino de justiça, compaixão, amor, paz e total abertura a Deus, chamado de "paizinho querido" (*Abba*).

Nos últimos tempos surgiram formas de igrejas, especialmente as neopentecostais, que assumiram a lógica do mercado. Transformaram a religião em um grande balcão de negócios, explorando a boa-fé e as demandas religiosas dos fiéis, geralmente pobres e marginalizados, prometendo--lhes prosperidade material a preço de pagarem o dízimo e manterem fidelidade à pessoa do pastor. Temos a ver com uma perversão da natureza da religião, a patologia de uma realidade em si sadia e digna.

Transparente é aquela religião quando suas práticas e suas prédicas trazem para o mundo, de forma coerente, a realidade transcendente de Deus, que torna transparente o amor universal e a fraternidade sem limites.

A transparência no campo da ética

Atualmente estamos assistindo a um ocaso desastroso da dimensão ética, o que impede de conduzir de forma transparente uma vida digna. As razões são múltiplas e não cabe aqui referi-las nem aprofundá-las. Mas há algumas que necessariamente devem ser citadas, pois constituem empecilhos para qualquer projeto ético.

O primeiro empecilho, o mais imediato, é a relativização de todos os valores éticos como consequência inevitável da globalização. Ela não pode ser descartada por duas razões. Em primeiro lugar, ela representa uma nova fase da própria Terra, que se sente superpovoada e devastada e de tal forma unida aos seres humanos, formando com eles uma grande e única entidade, com a mesma história e o mesmo destino.

Em segundo lugar, a globalização surge também como uma nova fase da humanidade. Os povos que viviam há milênios dispersos pelo mundo quando deixaram a África, nascedouro dos seres humanos vivendo dentro de seus limites geográficos e culturais, começaram a se mover e a encontrar-se na mesma Casa Comum que é o planeta Terra.

Dentro do único mundo emergem os vários mundos culturais, cada qual com sua história, tradições, religiões, narrativas e valores. Inicia-se um complexo processo de comparações e trocas de visões de mundo e de projetos éticos. Numa palavra, aparece claramente que podemos ser humanos das formas mais diversas, na forma chinesa, tibetana, japonesa, africana, europeia, tupi-guarani, esquimós, sami, entre outras.

A consequência é uma relativização de todos os valores. Quais valores são comuns, quais são diferentes, quais são excludentes? O que vale realmente para todos? Tal situação gera objetivamente um caos ético e grande obscuridade quanto a um conjunto de valores que pode nos manter unidos e fazer uma história agora inédita e comum, isto é, a história não de um povo, mas da espécie humana, una e diversa, dentro do mesmo planeta Terra, feito Casa Comum.

Hoje ninguém sabe que ética seguir, dada a pluralidade das propostas existentes.

O segundo empecilho provém da assim chamada *grande transformação*, analisada minuciosamente pelo economista húngaro-norte-americano, ainda em 1944, Karl Polanyi (1866-1964). A grande transformação reside no fato de que uma sociedade *com mercado* passa a ser uma *sociedade puramente de mercado*. Tudo vira mercadoria e recebe um preço; pode ser uma descoberta científica, um novo *chip* para inteligência artificial, um novo fármaco, novos órgãos humanos, uma nova igreja. Essa transformação já fora prevista por Karl Marx em seu texto *A miséria da Filosofia*, de 1848, quando se referia ao tempo em que as coisas mais sagradas como a verdade, a ciência, a consciência e a amizade eram dadas, doadas e jamais negociadas e levadas ao mercado. Agora feitas mercadorias, vale dizer, mercantilizadas, configuram "*o tempo da grande corrupção e da venalidade universal*" (Marx, 1996). Pois, estamos vivendo exatamente sobre essa tenebrosa situação, profetizada por Karl Marx e tematizada por Karl Polanyi.

Um terceiro empecilho não menos importante reside no fato de a economia, sobretudo a sua financeirização, ditar os rumos da política e da sociedade como um todo. A competição é sua marca registrada e a solidariedade praticamente desapareceu.

Se na época da grande epidemia do coronavírus tivéssemos aplicado os mantras da cultura do capital, grande parte da humanidade teria desaparecido. O que nos salvou foi tudo aquilo que era e continua sendo negado pelo sistema financeiro: a solidariedade, a compaixão, a mútua ajuda, o cuidado e o amor aos sofredores.

Asseverou o Prêmio Nobel de economia Joseph Stiglitz numa entrevista:

> As novas formas financeiras contribuíram para aumentar o poder das grandes corporações. As fusões e aquisições suscitaram um maior controle dos mercados e promoveram campanhas *contra os direitos sociais e econômicos*, considerados um obstáculo à operação das leis de concorrência (Belluzzo, 2019).

Qual é o ideal ético desse tipo de sociedade de puro mercado e dominada pela financeirização? É o projeto de acumulação individual ou corporativa, ilimitada, à base de uma lógica da competição sem qualquer sentido de cooperação e o ideal de um consumo sem peias, no pressuposto falso de que o planeta Terra disponha de recursos naturais também ilimitados. O planeta é velho, com bens limitados e agora devastado pela superexploração. Esse projeto econômico-político-social gera uma cruel desigualdade social mundial por um lado e por outro uma acumulação brutal de um pequeníssimo grupo que controla grande parte da economia. Por meio dela influencia as políticas dos Estados, abandonando vergonhosamente as grandes maiorias excluídas e mergulhadas na fome e na miséria.

Grande desafio ético representam as *big techs*: a Meta, a Amazon, o Google, o TikTok, o X, o Facebook, o Instagram, o DeepSeek, entre outras. Essas plataformas digitais, nomeadamente a Meta, não aceitam nenhum monitoramento, dando plena liberdade para todo o tipo de comunicação, de *fake news*, de discursos de ódio, conspirações e desinformação generalizada. O livre acesso sem qualquer medida de respeito à natureza das crianças e dos adolescentes, vulneráveis a todo tipo de aplicativo, pode danificar as mentes, tensionar as relações, levando alguns até ao suicídio. Aqui se mandou para o limbo todo tipo de transparência em nome da "liberdade total" a serviço do enriquecimento.

Como há um *contrato natural* entre os seres humanos e a natureza no sentido de mútuo respeito e cuidado (quase nunca observado), da mesma forma que há também um *contrato social* que procura meios sociais, humanitários e éticos de convivência (frequentemente rompido por golpes e manipulação de poder político-partidário), e afastando a barbárie, conforme se intenta por meio de um *contrato social mundial*, a partir daquilo que é comum e essencial a todos como é a água potável (ainda em discussão), faz-se urgente, agora na Era Digital, um *contrato social mundial do mundo virtual* com toda as suas plataformas, para que estejam a serviço dos seres humanos, das sociedades e dos países de forma a não se prestarem meramente ao enriquecimento à custa da completa falta de transparência, do enfraquecimento e até da volatização das relações humanas, dos discursos conspiratórios, das mentiras e da promoção da desinformação.

Há o risco sério de transformarmos as pessoas em meros usuários e não mais cidadãos livres, próximos e semelhantes. A negação de qualquer moderação coletiva impondo limites ao poder bilionário de algumas plataformas é inadiável, pois elas detêm mais poder que muitos estados e podem pôr e depor governos, desestabilizar a economia de países e, pela especulação, *fake news*, mentiras e desinformação colocar em risco toda a economia mundial. Nesses casos se liquidou qualquer preocupação pela transparência e descaso dos portais da transparência, que poderiam vigiar e monitorar os abusos praticados pelas *big techs* e suas plataformas.

O uso desses modernos meios virtuais cai sob a transparência, feita pelos estados e seus instrumentos ou se deixa livre curso ao poder delas a serviço do aumento de sua riqueza sem limites, sem levar em conta os danos que podem ser causados à sociabilidade humana, às mentes entorpecidas e às inteligências aprisionadas por tais técnicas.

A ética nessa modalidade nega todo tipo de transparência, pois faz da ocultação a chave de seus negócios e a salvaguarda de seus interesses escusos.

No nível da comunicação ou de sua negação, especialmente em evento de grande maldade e de barbárie, como foi o ataque brutal e desproporcional de Israel contra o Hamas e os habitantes da Faixa de Gaza, revela-se um nível de desumanização e indiferença como poucas vezes na história.

O exemplo maior do apagão completo do senso ético é o genocídio ocorrido na Faixa de Gaza, na Palestina, crime a céu aberto, perpetrado a mando de um primeiro-ministro israelense insano e vingativo, com o bilionário apoio dos Estados Unidos e vergonhoso das nações ocidentais europeias, que se vangloriam de terem sido o berço dos direitos humanos, da democracia e do humanismo. Olvidaram essa nobre herança e se tornaram cúmplices de um verdadeiro holocausto com centenas e centenas de crianças inocentes e com cerca de mais de 80 mil civis. Sobre tais dados quase não há transparência, pois, geralmente, a grande mídia é cúmplice dos crimes feitos por esses grupos poderosos.

Sem saber a que nos agarrar para criar um horizonte ético mínimo para os seres humanos dentro do processo de globalização, só nos resta voltar a nós mesmos. A partir das virtualidades da natureza humana podemos, com urgência, refundar uma ética que se enraíze naquilo que é especificamente nosso, enquanto humanos, e que, por isso, seja universal e transparente, que vá além das singularidades dos povos e de suas culturas e que possa ser assumido por todos, já que todos somos portadores da mesma humanidade, respiramos o mesmo ar, pisamos o mesmo solo, somos iluminados pelo mesmo sol e nos alimentos daquilo que a natureza nos oferece.

Há algumas experiências de base, comuns em todos os seres humanos de qualquer tempo e circunstância, que fazem surgir a ética como a arte de bem viver, buscando a prática do bem.

Precisamos, antes de mais nada, identificar o lugar de nascimento da ética. Não é tanto na razão, mas muito mais no coração, o órgão da sensibilidade, daquilo que chamamos de *páthos*, o sentimento profundo e a capacidade de ser afetado e de afetar, de sentir e de ser sentido.

O *páthos* está enraizado no cérebro límbico, base da inteligência sensível e emocional. Surgiu com os mamíferos há cerca de 125 milhões de anos. Com ele irrompeu o amor, o cuidado, a empatia para com o ser gerado. Nós humanos, mais do que animais racionais, somos mamíferos racionais. Temos um coração capaz de sentir, de amar, de se compadecer e de desenvolver empatia para com os outros. É aqui a sede da ética e dos valores que permitem uma convivência minimamente pacífica entre todos.

Hoje vivemos uma etapa da história das mais insensíveis e desprovidas de compaixão e de solidariedade para com nossos semelhantes e para com os demais seres da natureza. Parece que fomos afetados por uma profunda lobotomia. Por isso, grande parte da humanidade vive num inferno de sofrimentos, havendo poucos que os aliviam com empatia e solidariedade. Este mundo é tornado invisível pelos grandes meios de comunicação e por isso negador da transparência que os desmascaria e condenaria.

Recuperar o coração é o pressuposto básico para qualquer projeto ético que garanta a transparência das ações humanas pessoais e coletivas. Nele residem os valores que podem resgatar a humanidade perdida pelo excesso de materialismo e de autocentração. Importa enriquecer a razão intelectual, técnico-científica dominante da cultura moderna e necessária para enfrentarmos com sucesso os ingentes problemas das sociedades complexas. Mas hoje nos damos conta de que não basta a razão; em alguns aspectos ela se tornou totalmente irracional quando vem usada para construir a máquina de destruição de vidas e, eventualmente, da existência humana na Terra. Mais e mais perdemos a convicção ingênua de que a ciência seria capaz de resolver todos os problemas. Seria cair na ilusão de que limando os dentes do lobo teríamos retirado toda a sua ferocidade. Essa não reside nos dentes, mas em sua natureza. A ferocidade do capitalismo não reside nesta ou naquela dimensão, mas na sua própria natureza, tomada por uma voracidade indomável de acumulação de riqueza material.

Por essa razão, faz-se urgente unir mente e coração, razão e sensibilidade que confeririam aos projetos humanos o sentido da justa medida. Assim o ser humano sairia mais enriquecido, mais sensível aos próprios limites e mais sensato no uso da máquina tecnológica (Boff, 2023).

Mas vamos por partes. Comecemos pela própria palavra *ética*. Os gregos foram os que mais contribuições ofereceram à reflexão da ética, especialmente Platão e, mais do que todos, Aristóteles.

Usaram três palavras-chaves: o *Ethos* (escrito com e maiúsculo), o *ethos* (com o e minúsculo) e o *daimon*. Esses três termos contêm a essência daquilo que chamamos ética.

Daimon em grego clássico não é demônio, ao contrário, é o anjo bom, o gênio protetor, nós diríamos na linguagem moderna: a consciência. E *Ethos* não é primeiramente ética, como a qualidade dos comportamentos humanos, mas a *morada humana*.

Heráclito, genial filósofo pré-socrático (500 a.C.), uniu as duas palavras no aforismo 119: "*o Ethos é o daimon do ser humano*", vale dizer: "a casa é o anjo bom do ser humano" (Boff, 2003, p. 32-36).

Aprofundemos, sucintamente, esses três conceitos. *Ethos/morada* não é constituída simplesmente pelas quatro paredes, os quartos, as salas e o teto. Casa é uma experiência existencial: separamos um pedaço da natureza (*physis*) e construímos nosso abrigo, organizando os quartos, a sala, a dispensa, o cantinho sagrado, onde sobre uma mesa guardamos memórias queridas, a vela que arde ou as fotografias significativas, os santos e santas de nossa devoção ou o livro das Escrituras Sagradas.

A morada para ser morada tem que ser habitável, vale dizer, tem que ter bom astral, bom "axé" como dizem os da tradição nagô ou um vigoroso "shi" da tradição do Tao e do Feng Shui.

Isso se dá pelo *ethos* (com e minúsculo), que significa os atos bons e adequados, tudo aquilo que faz a casa ser agradável. Então o *Ethos* (a morada) deve ter o seu *ethos* (os romanos e mesmo nós hoje chamamos esse *ethos* de *moral*: moral de bons costumes, de hábitos estabelecidos, atos adequados para cada espaço, a sala, os quartos, a cozinha). Resumidamente, *Ethos* seria a busca do bem viver, enquanto *ethos* seriam os modos e formas como organizamos esse bem viver.

Toda essa diligência vem acompanhada pelo *daimon*, o anjo bom, o gênio benfazejo e protetor que nos sugere e aconselha como fazer bem as coisas de modo que nos conceda sentirmos bem "em casa".

Que é, então, o *daimon/anjo* bom? Platão na sua comovedora *Apologia de Sócrates* conservou as palavras finais do genial mestre. *Daimon*, diz ele, é "voz profética dentro de mim, proveniente de um poder superior" ou também é o "sinal de Deus". Em outras palavras, não só nos aconselha como arrumar bem a casa. É mais ainda: a voz da consciência, aquele conselheiro que nunca nos abandona, que dissuade ou estimula, aquele sentimento do conveniente e do justo nas palavras e nos atos. Faz-se presente em todas as circunstâncias da vida, pequenas ou grandes. Todos possuem o *daimon*, esse anjo protetor sempre vivo, um dado tão objetivo como a sensibilidade, a inteligência, o amor e o poder.

Hoje o *Ethos*, a casa, não é apenas o lugar onde moramos, tampouco a nossa cidade ou o nosso país. O *Ethos* é a Casa Comum, a Terra inteira que deve ser escutada, obedecida, seguida e especialmente cuidada, pois está sendo sistematicamente devastada pela superexploração, a ponto de pôr em risco as bases físico-químicas e ecológicas que sustentam a vida.

O *ethos* (com e minúsculo) são os comportamentos, os atos e as atitudes de como não ordenamos apenas nossa morada, mas principalmente são os atos de cuidado para com a natureza e seus ciclos, o respeito que devotamos a cada ser, a forma como tratamos os solos, zelamos pela pureza do ar e garantimos a qualidade de nossos alimentos sem agrotóxicos.

Esse feixe de conceitos constitui as estruturas basilares do edifício da ética em seu sentido original e mais profundo.

Há muitos negacionistas, inclusive entre chefes de estado de grandes nações que impedem a transparência da situação degradada da Casa Comum. E fazem-no para não prejudicar seus interesses de domínio e sob pressão das grandes corporações que constroem sua riqueza na pilhagem dos bens e serviços naturais.

Se queremos uma revolução ética que responda aos desafios do nosso tempo e que tenha a característica da transparência, devemos desentulhar e liberar esses três conceitos básicos. Talvez começando pelo *daimon* interior, a consciência, isto é, auscultá-lo de novo. No termo, precisamos resgatar o bom senso ético, aquilo que simplesmente deve ser, pois essa é a missão que o *daimon* desempenha dentro de nós. Ele é a origem da vigilância ética e moral. Ele nos sugerirá caminhos concretos e ações práticas (*ethos/moral*) para como ordenar a casa que é a cidade, o Estado e a Casa Comum planetária (*Ethos*).

Quanto mais vivermos essas dimensões éticas, mais transparentes se tornam nossos atos e atitudes: estes últimos se ordenam conforme a proteção do nosso *habitat* sem o qual nada vive.

Estimo que junto com a experiência originária da casa (*Ethos*) deve ganhar especial relevância a *ética do cuidado*. Não há casa (*Ethos*) que não tenha que ser cuidada, caso contrário degenera até virar uma tapera.

Segundo a fábula 220 do escravo Higino, do tempo do imperador César Augusto, e bem interpretada por Martin Heidegger em *Ser e Tempo* (2006), o cuidado constitui o substrato ontológico do ser humano. Explicando: é aquele conjunto de fatores sem os quais jamais surgiria o ser humano e outros seres vivos. O cuidado pertence à essência do ser humano. Como não possui nenhum órgão especializado, largado sozinho no berço, não teria condições de buscar seu alimento e morreria. Depende do cuidado de outros para lhe garantir a vida. E o cuidado nos acompanha em todos os momentos de nossa vida, na rua, no trabalho, no zelo por nossa saúde corporal, mental e psíquica, no relacionamento com os outros e assim por diante.

Por ser o que é, essencial à nossa existência, o cuidado pode ser vivenciado por todos experimentalmente e dar-lhe formas concretas consoante suas culturas. O cuidado pressupõe uma relação amigável e amorosa para com a realidade, a mão estendida para a solidariedade e não o punho cerrado para a dominação (Boff, 1999).

No centro do cuidado está a vida na sua imensa diversidade. Sem cuidado nada do que existe e vive subsiste. A civilização deverá, em consequência, ser biocentrada. A economia e a política e as demais atividades humanas, também espirituais, ordenam-se à vida, ao cuidado, à sua manutenção e expansão (Boff, 2024). Foi a proposta básica de Jesus: "vim para que tenham vida e a tenham em abundância" (Jo 10,10).

A expressão mais direta do cuidado é o *amor*. É ele que dá sentido à vida e a todos os empreendimentos humanos. O grande poeta Dante Alighieri sempre terminou os três cânticos de sua *Divina Comédia* (céu, purgatório e inferno) com as palavras: "o amor que move o céu e todas as estrelas". Nós acrescentamos: e todos os nossos corações.

O amor é tão essencial que bem escreveu James Watson, quando em 1953 junto com Francis Crick, decodificou a dupla hélice do código genético:

> O amor pertence à essência de nossa humanidade. O amor, esse impulso que nos faz ter cuidado com o outro foi o que permitiu a nossa sobrevivência e o sucesso no planeta. É esse impulso, creio, que salvaguardará nosso futuro. [...] Tão fundamental é o amor à natureza humana que estou certo de que a capacidade de amar está inscrita em nosso DNA; um São Paulo (que tão excelentemente escreveu sobre o amor) permitiria a mim que sou um homem secular, dizer que o amor é a maior dádiva de nossos genes à humanidade (Watson, 2005, p. 433-434).

Talvez uma das maiores carências atualmente seja a ausência do amor. Domina, sobretudo pelas mídias digitais, um gabinete do ódio, em que são preparadas ofensas, discriminações, *fake news* contra aqueles que defendem a democracia e as políticas sociais, contra os pobres, contra os muçulmanos, contra os de outra opção sexual. Esse ódio não se combate com outro ódio, como também não se combatem as trevas com mais trevas, mas com mais amor e mais luz que torna transparente a realidade.

Outro dado de nossa essência humana, também expressão do amor, é a *solidariedade* e a ética que daí se deriva. Sabemos hoje pela bioantropologia que foi a solidariedade de nossos ancestrais antropoides, há milhões de anos, que permitiu dar o salto da animalidade para a humanidade. Esse primeiro grupo ancestral buscava os alimentos e não os consumia individualmente, mas os trazia para o grupo e os consumia solidariamente.

Todos vivemos porque existiu e existe um mínimo de solidariedade, começando pelos membros da família. O que foi fundador ontem, continua sendo ainda hoje. A tragédia humana dos milhões de famintos e excluídos no mundo inteiro se deve principalmente pela ausência da solidariedade. Não se olha para os lados e não se vê os companheiros que sofrem e que são de fato nossos irmãos e irmãs e nada fazemos por eles, preocupados em manter nossos negócios e na obsessão de acumular mais e mais bens materiais.

Outro dado fundamental do humano é *o respeito* e a ética que daí se deriva diante do outro e do diferente. Todo ser tem um valor em si e merece ser reconhecido e respeitado em seu lugar no conjunto dos seres.

Figura exemplar do respeito ilimitado a todos os seres foi o médico Albert Schweitzer (1875-1965). Deixou sua brilhante carreira de acadêmico e concertista da obra musical de Bach para dirigir-se ao Gabão, em Lambaréné. Lá fundou um hospital para cuidar de hansenianos. Nos intervalos de seu trabalho, dedicou anos ao estudo das questões éticas que ganharam corpo em vários livros, sendo o principal deles *O respeito diante da vida (Ehrfurcht vor dem Leben)*.

Tudo em sua ética gira ao redor do respeito, da veneração, da compaixão, da responsabilidade e do cuidado para com todos os seres, especialmente, para com aqueles que mais sofrem.

Ponto de partida para Schweitzer é o dado primário de nossa existência, a vontade de viver que se expressa: "Eu sou vida que quer viver no meio de vidas que também querem viver" (Schweitzer, 1997, p. 73). Em suas próprias palavras:

> A ideia-chave do bem consiste em conservar a vida, respeitá-la, desenvolvê-la e elevá-la ao seu máximo valor; o mal consiste em desrespeitar e destruir a vida, prejudicá-la e impedi-la de se desenvolver. Este é o princípio necessário, universal e absoluto da ética (Schweitzer, 1997, p. 52).

Para Schweitzer, as éticas vigentes são incompletas porque tratam apenas dos comportamentos dos seres humanos diante de outros seres humanos e esquecem de incluir todas as formas existentes de vida. Numa palavra: "*a ética é a responsabilidade ilimitada por tudo que existe e vive*" (Schweitzer, 1994, p. 29; 1997, p. 52).

Como a nossa vida é vida com outras vidas, a ética do respeito à vida deverá ser sempre um con-viver e um con-sofrer (*miterleben und miterleiden*) com os outros. Numa formulação sucinta, Schweitzer afirma: "Tu deves viver convivendo e conservando a vida, este é o maior dos mandamentos na sua forma mais elementar" (1994, p. 26). Daí se derivam comportamentos de grande respeito, compaixão e cuidado para com todas as criaturas. Consideremos essas comoventes palavras, carregadas de respeito e compaixão.

Interpelando seus ouvintes numa homilia (ele era também pastor), Schweitzer conclama:

> Mantenha teus olhos abertos para não perder a ocasião de ser um salvador. Não passe ao largo, inconsciente, do pequeno inseto que se debate na água e corre risco de se afogar. Tome um pauzinho e retire-o da água, enxugue-lhe as asinhas e experimente a maravilha de ter salvado uma vida e a felicidade de ter agido a cargo e em nome do Todo Poderoso. O verme que se perdeu na estrada dura e seca e que não pode fazer o seu buraco, retire-o e coloque-o no meio da grama. 'O que fizerdes a um desses mais pequenos foi a mim que o fizestes'. Esta palavra de Jesus não vale apenas para nós humanos mas também para as mais pequenas das criaturas (1994, p. 55).

A ética do respeito de Albert Schweitzer une inteligência emocional e inteligência racional, num esforço de tornar a ética um caminho de salvaguarda de todas as coisas, de respeito e de resgate do valor que elas possuem em si mesmas. O maior inimigo dessa ética é a intransparência, o embotamento da sensibilidade, a inconsciência e a ignorância que fazem perder de vista o dom da existência e a excelência da vida que merece respeito sob qualquer forma. O ser humano é chamado a ser o guardião de cada ser vivo. Ao realizar essa missão, ele alcança o maior grau de sua humanidade. Viver esse comportamento ético faz reluzir a transparência em grau eminente. Só quem descobre valor em cada ser, vendo nele um símbolo de algo mais alto e sublime, pode ser considerado uma pessoa humana totalmente transparente.

Outro caminho ético, ligado à nossa estrita humanidade, é a responsabilidade. Ser responsável significa dar-se conta das consequências de suas palavras e de seus atos. Ou assumimos juntos responsavelmente o destino de nossa Casa Comum, hoje ameaçada pelo aquecimento global e pela crescente devastação de seus ecossistemas e o destino também ameaçado de nossa civilização, ou então seremos condenados a um caminho, sem retorno, já percorrido pelos dinossauros há 67 milhões de anos. Somos responsáveis pela sustentabilidade de Gaia e de seus ecossistemas para que possamos continuar a viver junto com toda a comunidade de vida. O destino da vida e o nosso está em nossas mãos.

Hans Jonas, autor do conhecido livro *O princípio responsabilidade*, apresenta uma dimensão da responsabilidade e do *medo coletivo*. Quando este surge e os humanos começam a dar-se conta de que estão à borda de um abismo, prestes a se precipitar e assim conhecer um fim trágico e até mesmo desaparecer como espécie, irrompe um medo ancestral que os leva a uma *ética de sobrevivência*.

O pressuposto inconsciente é que o valor da vida está acima de qualquer outro valor cultural, religioso ou econômico. Então cria-se a necessidade de uma mudança de rumo e fundar outra forma de morar na Casa Comum, na qual todos podem caber, especialmente a natureza. Cultivar total transparência para essa realidade nos faz honrar a realidade e nos torna pessoas transparentes.

É aqui que caberia uma reflexão sobre dois paradigmas que se estão enfrentando: o paradigma do *dono* (*dominus*) e o paradigma do *irmão ou da irmã* (*frater/soror*). Toda modernidade se construiu na convicção de que o ser humano é o dono e mestre da natureza, fora e acima dela, nem sentindo-se parte dela e dispondo de seus bens e serviços ao bel-prazer. Esse paradigma se orientou pela *vontade de poder*, entendendo o poder como dominação da natureza, dos povos, de suas terras, das classes, da vida, da matéria e de todo o planeta.

Utilizou como instrumento a física e a matemática, o que fez desconsiderar o mais importante que é a vida no planeta. A vida não cabe nos quadros da matemática e da física clássica. Esse paradigma do *dominus* (senhor e dono) trouxe muitas vantagens para a vida humana, mas incorporou também grandes riscos a ponto de ter criado o princípio de autodestruição. A nossa crise civilizatória atual é causada, embora não exclusivamente, por esse paradigma que divide, separa, atomiza a realidade, perdendo a perspectiva do todo.

Como alternativa a ele, foi proposto o paradigma do *frater* (irmão e irmã), projetado por muitos grupos, especialmente nas bases da humanidade. Ele encontrou na encíclica do Papa Francisco *Fratelli tutti* (2020) sua melhor formulação: é a fraternidade universal e a amizade social (n. 6). Parte-se do pressuposto de que todos somos criaturas da Terra (Gn 2,7), todos os seres possuem o mesmo código genético de base (os vinte aminoácidos e as quatro bases nitrogenadas), e que somos todos parte da natureza e não seus donos e senhores. Essa fraternidade se realiza com o conjunto dos seres da natureza e de modo eminente com todos os seres humanos (Boff, 2021).

Tal fraternidade universal tem o condão de tornar transparente um profundo sentido de pertença entre todos. Teria como centralidade a vida com toda a sua diversidade. Poria a economia e a política a serviço do incremento e da sustentabilidade da vida. Criaria as bases de uma convivência pacífica e utilizaria meios não violentos para superar ou pelo menos minorar os eventuais conflitos. O cuidado, a cooperação, o respeito de todas as diferenças e a amorosidade constituiriam os fundamentos desse novo paradigma, capaz de garantir um futuro à vida e à nossa civilização. Postos em prática esses valores, eles tornariam as práticas humanas e as pessoas verdadeiramente transparentes umas com as outras.

Elemento essencial para o equilíbrio da vida humana pessoal e coletiva é a *ética da justa medida* (Boff, 2023). Ela é uma constante cultural e se encontra presente em todas as éticas mundiais. O verdadeiro humanismo somente se dá se ele se fundar na *moderação, no caminho do meio, e na justa medida*. Por esse caminho emerge a transparência das atitudes humanas.

Por onde começar? Para não cairmos em abstrações: comece com você mesmo! Fundamentais são as mudanças pessoais, as assim chamadas *revoluções moleculares* que marcam o primeiro passo para qualquer processo de transformação. Essa só será efetiva se a pessoa se dispuser a operá-las de forma não enganosa, mas transparente, em sua própria prática de vida.

Nesse quesito devemos ser concretos: o excesso de *marketing* obscurece a transparência daquilo que realmente precisamos e impede que as pessoas sejam seduzidas pelo consumo, perdendo assim *a justa medida*; o excesso de *selfies* denota narcisismo; o tempo dedicado a viajar por pura curiosidade pelos programas da *internet* e outros do gênero são demonstrações de falta da *justa medida*.

Reféns das comunicações meramente virtuais negam a transparência do gosto do encontro concreto e da amizade realmente vivenciada. Bem observou o Papa Francisco na encíclica *Fratelli tutti* que os meios digitais privam-nos dos gestos físicos, expressões do rosto, silêncios, linguagem corpórea e até o perfume, o tremor das mãos, o rubor, a transpiração, porque tudo isso fala e faz parte da comunicação humana (n. 43).

Tais meios nos fazem próximos, mas não irmãos e irmãs. Constituem princípios da física quântica e da nova cosmogênese ver toda a realidade, também a matéria, como formas de energia em distintos graus de densidade e sempre em teias de relações. Consoante essa compreensão, nada existe fora das relações, nenhum ato feito pela pessoa fica retido nela. A energia que emite circula por todas as teias, fortalecendo-as e dessa forma acelerando a construção da Casa Comum.

Disso se deriva o fato de que nenhum ato humano se reduz ao pessoal, mas sempre implica intrinsecamente o social e o global, porque estamos permanentemente conectados a eles. Vejamos algumas expressões dessa dimensão da *justa medida*, restringindo-nos ao âmbito pessoal.

Antes de mais nada, cada pessoa deve minimamente conhecer-se a si mesma, suas pulsões, suas energias interiores, se positivas ou negativas. Vale dizer, fazer-se transparente para si mesma, especialmente o que mais nos custa a aceitar, isto é, as próprias sombras.

Há pessoas que, por natureza, são mais impulsivas e dadas a perder a justa medida. Há outras, por natureza, mais tranquilas e diante de situações conflitivas não perdem a justa medida.

Manter sempre e em tudo a *justa medida* representa um ato sapiencial: busca ser transparente quando fala e quando cala; aprende, de maneira transparente, a dominar seus impulsos e pensa e repensa antes de agir. Outros conscientemente fazem um esforço significativo para conter-se e guardar a justa medida. Revelam assim maturidade e capacidade de autodomínio: eis o fruto da transparência pessoal.

Poderíamos identificar a *justa medida* também no âmbito do exercício do poder, na condução de uma comunidade, na liderança política e mesmo nos embates de ideias. Mas não é o caso de detalhar tais dimensões. O importante é reter o fato de que em tudo deve-se buscar o caminho do meio, do nem demais, nem de menos. Esse lema encontrava-se inscrito nos pórticos gregos e também latinos: *méden ágan* ou *ne quid nimis*, (traduzindo: nada demasiado). Esse é o segredo da paz e da tranquilidade.

Tudo o que vem feito sob a *justa medida* e na total transparência, sem simulação e sem atitude farisaica, geralmente produz resultados positivos e nos poupa de equívocos e frustrações.

Por fim, importa resgatar a *ética da justiça* para todos. A justiça é o direito mínimo que tributamos ao outro, de que possa ver assegurada sua existência e coexistência junto com os outros e a natureza. O ideal da justiça societária é dar a cada um o que necessita e receber o necessário. Dessa forma se garante transparência nas relações e se assegura um mínimo de dignidade para todos. Especialmente as instituições devem ser justas, equitativas e transparentes para evitar as desigualdades que tão severamente marcam nossas sociedades, com os privilégios das elites do atraso e com as exclusões sociais que fazem sofrer milhões, especialmente refugiados pelas guerras e pela fome e os perseguidos políticos.

Daí se explica o ódio e a intolerância que dilaceram a sociedade, particularmente no Brasil, inscrita no DNA das elites endinheiradas que sempre viveram de privilégios e tudo fazem para mantê-los, seja por golpes de estado, seja por maracutaias políticas.

Chegamos a um tempo sinistro em que no Brasil e em vários outros países se vive em democracias formais de baixíssima intensidade, inclusive num Estado pós-democrático (Casara, 2018). Nessa conjuntura político-social tanto a Constituição e as leis são pisoteadas ou mediante o uso de *lawfare*, vale dizer, de uma interpretação distorcida da lei pela qual um juiz sem imparcialidade inescrupulosamente a usa para prejudicar e condenar o acusado.

A justiça não vale apenas entre os humanos, mas vale também para a natureza e a Terra, que são sujeitos de direitos, por serem vivos, substrato físico, químico e ecológico de nossa própria vida. Por isso devem ser incluídos em nosso conceito de cidadania ecológica, de democracia, agora ampliada como ecodemocracia social.

Esses são alguns parâmetros mínimos para uma ética da transparência, válida para cada povo e para a humanidade, reunida na Casa Comum.

Dada a Sobrecarga da Terra (*Earth Overshoot*, a crescente diminuição de suas reservas vitais), impõe-se incorporar uma *ética da sobriedade compartida* para lograr o que Xi Jinping, presidente da China, denomina "uma sociedade moderadamente abastecida". Isso significa um ideal mínimo a ser mundialmente alcançado. Caso contrário, poderemos conhecer um *armagedon* social e ecológico.

Como conclusão, podemos afirmar que estamos vivendo, com referência à transparência na ética, tempos intransparentes e tenebrosos, pois gestou-se, dada a facilidade de acesso universal às plataformas digitais, uma verdadeira cultura de mentira, das *fake news*, das falsificações de imagens de políticos produzidas pela inteligência artificial e tão parecidas com as reais que enganam a milhares de pessoas, levando à destruição de reputações de figuras públicas e reconhecidamente íntegras. Assim sendo, a própria mentira passa a se apresentar como uma *verdade paralela* ou como expressão do mundo da *pós-verdade*.

Nunca ocorreu antes em nossa história conhecida um fenômeno semelhante. Isso só foi possível devido à criação de novas tecnologias virtuais de comunicação que todos podem utilizá-las. Por elas a dimensão de sombra e o dia-bólico (o que separa) ganha vasto campo a ponto de tornar intransparente o que, por sua natureza, é transparente, como as práticas de assistência à população em situação de rua, o socorro aos desabrigados por desastres naturais ou a ajuda solidária a vítimas de epidemias. Não raro tais ações são difamadas como populismo ou busca de vantagens políticas.

A palavra venerável de um Papa Francisco ou os conselhos sábios de um político respeitável, por exemplo o ex-presidente do Uruguai, Pepe Mujica, ocupa o mesmo espaço que os discursos de ódio ou de ofensa do mais reles, desrespeitoso e ignorante usuário de uma dessas redes digitais. A ética do respeito, a qual nos referimos acima, perdeu todo o seu significado e esvaziou completamente seu valor de transparência no campo da comunicação humana. O que estava no topo da referência positiva dos seres humanos como o Papa Francisco ou Pepe Mujica ou o Dalai Lama, hoje vem rebaixado e colocado no mesmo nível daquilo que nos diminui e nos desumaniza.

Não existem legislações suficientes e criativas que possam impedi-las totalmente. Para venenos novos, antivacinas novas. Essas nos faltam ou nos são negadas.

A transparência no campo espiritual

Um dos campos nos quais a transparência é uma exigência essencial é exatamente o da espiritualidade. É também o campo no qual a transparência é negada por sua manipulação para fins alheios à natureza da espiritualidade. Pois a espiritualidade se ocupa com realidades sagradas que têm a ver com o sentido fundamental da vida e do próprio universo. Elas merecem respeito e veneração.

Não devemos identificar espiritualidade com religião. Toda religião irrompe a partir de uma experiência espiritual originária que lhe é anterior. A religião é uma espécie de tradução dessa experiência fundante, seja por meio de linguagens, seja por meio de doutrinas, celebrações, ritos e festas.

Muitas são as religiões, mas todas elas bebem da mesma fonte que é a experiência espiritual. Nesse sentido, todas elas revelam uma unidade básica, por mais diferentes que sejam as formas culturais que elas assumem.

Por isso, logo no início, é importante esclarecer o que entendemos por espiritualidade e como ela se distingue (sem necessariamente se separar) da religião. Sirvamo-nos de guia um reconhecido mestre espiritual que é o Dalai

Lama. De forma brilhante em seu livro *Uma ética para o novo milênio* (2000), ele fez as seguintes ponderações e distinções com as quais concordamos plenamente.

"Considero que *espiritualidade* (mundo espiritual) esteja relacionada com aquelas qualidades do espírito humano – tais como amor e compaixão, paciência e tolerância, capacidade de perdoar, contentamento, noção de responsabilidade, noção de harmonia – que trazem felicidade tanto para a própria pessoa quanto para os outros" (Dalai-Lama XIV, 2000). Aqui se encontra a verdadeira compreensão do que é a espiritualidade.

"Julgo que *religião* [mundo religioso] esteja relacionada com a crença no direito à salvação pregada por qualquer tradição de fé, crença esta que tem como um de seus principais aspectos, a aceitação de alguma forma de realidade metafísica ou sobrenatural, incluindo possivelmente uma ideia de paraíso ou nirvana. Associados a isso estão ensinamentos ou dogmas religiosos, orações, rituais, tradições e celebrações e assim por diante" (Boff, 2016. p. 20).

> Ritual e oração, junto com as questões de nirvana e salvação, estão diretamente ligados à fé religiosa, mas essas qualidades interiores não precisam ser. Não existe, portanto, nenhuma razão pela qual um indivíduo não possa desenvolvê-las, até mesmo em alto grau, sem recorrer a qualquer sistema religioso ou metafísico (Dalai-Lama XIV, 2000, p. 32-33).

Como se depreende, alguém pode ser religioso sem necessariamente ser espiritual. Bem como pode ser espiritual sem ser religioso. O ideal seria ser religioso e simultaneamente espiritual, pois cultivaria uma vida mais plena. Mas não necessariamente.

Há toda uma pesquisa, feita especialmente nos Estados Unidos, que envolve psicólogos, educadores e a *new science* que tem aprofundado a espiritualidade como um dado objetivo da natureza humana. Cunharam a expressão *espiritualidade natural* exatamente por pertencer à nossa natureza humana.

Ficou famoso o *Manual de Psicologia e Espiritualidade da Oxford University Press*, da Professora Lisa Miller, no qual reúne os principais estudos sobre a psicologia e a espiritualidade natural.

Nessa obra se enfatiza que, independentemente da religião:

> [...] cada criança nasce com a capacidade inata para um desenvolvimento espiritual, capacidade que deve ser entendida como uma *dimensão natural*, da integralidade do ser humano; ela garante um suporte importante e vital para a resiliência, provê significado e propósito para o desenvolvimento da cognição emocional, social e moral da pessoa; essa capacidade *inata* pode madurar tanto dentro quanto fora da religião institucional (Miller, 2012).

À base desses estudos, Steven Rockefeller, filósofo e um dos principais redatores da Carta da Terra, propõe uma "*democracia espiritual*", portanto, um dado originário que deveria estar presente desde a mais tenra infância, na vida democrática e no currículo escolar (Rockefeller, 2022). Ele usa a expressão já amplamente divulgada entre antropólogos, cosmólogos como Brian Swimme e especialmente psicanalistas da escola de Carl Gustav Jung, de Viktor Frankl e de outros, "*espiritualidade natural*". Ela é tão natural em nós como é natural a inteligência, a afetividade, o amor, a solidariedade, referidos no capítulo anterior.

Viver a espiritualidade natural, com os valores humanos implicados, é viver a mesma espiritualidade do Jesus histórico, assim como o testemunham as Escrituras: ser absolutamente transparente em suas palavras e atos, não esconder nada, pregar e viver o amor incondicional, ser compassivo para com todos os sofredores, não discriminar ninguém, acolher a todos sem perguntar por sua condição moral, perdoar e aceitar a morte como consequência e ter coerência com os valores que anunciou e exemplarmente viveu.

Em tempos recentes, o campo da espiritualidade conheceu avanços significativos por parte das neurociências e da bioantropologia. Sabemos que há constantes antropológicas presentes em todas as culturas historicamente conhecidas. Todas têm um repertório musical, suas culinárias específicas, um certo cálculo numérico, pintam figuras, teatralizam a vida, ritualizam a morte e elaboram ideias de uma Última Realidade que vai além das realidades meramente imanentes e empíricas. Isso supõe que expressam virtualidades neuronais e padrões culturais acumulados ao longo da milenar história humana. São ações transparentes para todos, caso contrário, seriam impossíveis de serem compreendidas e assumidas.

A referência a uma Última Realidade ou a Deus e a presença do *daimon* grego, como anteriormente temos explicado, da consciência que fala dentro de nós, radicam nessas constantes que, por sua vez, repousam sobre alguma estrutura neuronal. Em razão dessa compreensão científica, vários neurocientistas elaboraram uma *neuroteologia* e falam de uma *mente mística* (*mystical mind*). Nós preferimos falar de mente espiritual.

Outra experiência também vinda de neurocientistas refere-se ao "ponto de Deus" no cérebro. Constataram que ao lado da inteligência intelectual (QI: *quociente intelectual*) e da inteligência emocional (QE: *quociente emocional*) existe também uma inteligência espiritual (QS: *quociente espiritual*).

Por esse tipo de inteligência espiritual percebemos os contextos maiores de nossa vida, totalidades significativas que nos fazem sentir inseridos no Todo maior. Ela nos torna sensíveis a valores e a questões ligadas a Deus ou ao Mistério do mundo, que ganham uma transparência existencial, gerando um sentimento de pertença e de contentamento e a convicção de que a vida conta e vale a pena vivê-la e defendê-la.

É isso que significa espiritualidade, ou como aqui é chamada: *inteligência espiritual*. Ela só é realizada na condição de haver uma transparência ética e uma vida que se entende como um livro aberto e transparente.

Sua base empírica reside na biologia dos neurônios. Verificou-se empiricamente que a experiência unificadora se origina de oscilações neurais a 40 Hertz, especialmente localizada nos *lobos temporais*. Desencadeia-se, então, uma experiência de exaltação e de intensa alegria como se estivéssemos diante de uma realidade verdadeiramente transparente de uma Presença viva.

Constatou-se também que sempre que se abordam temas religiosos, Deus ou valores que concernem ao sentido profundo das coisas, não superficialmente, mas num envolvimento sincero, produz-se igual excitação de 40 Hertz. Os cientistas e não os teólogos denominaram esse fenômeno de "ponto de Deus" do cérebro (Zohar; Marshal, 2000).

Tal fato significa, então, que a vida evoluiu até tornar-se autoconsciente. Ela desenvolveu um órgão interno (como desenvolveu órgãos externos, tais quais os olhos, os ouvidos, os membros etc.) – nossa vantagem evolutiva – pelo qual pode captar a presença de uma Energia misteriosa que a tudo penetra e a tudo sustenta. Ela estava sempre presente e em ação no processo evolutivo. Agora é captada pelo ser humano, que a tira de seu anonimato, quer dizer, torna-a transparente para a vida humana e é convidada ao diálogo.

Numa linguagem secular, tirada da astrofísica e da física quântica de Bohr/Heisenberg, essa Energia é também chamada de "*Abismo Alimentador de todo o Ser*", do qual tudo sai e para o qual tudo retorna. Tal energia não está apenas num ponto do cérebro, mas em toda a vida e no universo. Trata-se de uma vantagem evolutiva de nossa espécie que desenvolveu internamente um órgão capaz de captar tal Energia poderosa e amorosa. Poder abrir-se e dialogar com ela, venerá-la, e reconhecê-la como o Criador e Provedor de todas as coisas é um ato de profunda humildade e de reverência.

Esse "ponto de Deus" sustenta a espiritualidade, que é um dado objetivo da natureza humana. Por isso, não pode ser monopólio das religiões nem uma derivação delas. Ao contrário, conforme afirmamos acima, a espiritualidade se constrói sobre a realidade antropológica natural e ganha significação na medida em que conserva e alimenta a dimensão espiritual. A espiritualidade deve fazer-se transparente para esse misterioso "ponto de Deus no cérebro", a fim de enriquecer a vida humana e torná-la também mais e mais transparente.

As figuras consideradas santas, como São Francisco de Assis; Madre Tereza de Calcutá; o mártir latino-americano Dom Oscar Arnulfo Romero, de El Salvador; ou o próprio Gandhi, embora não se considerasse cristão; entre tantos e tantas outras, são expressões de uma claríssima transparência espiritual de vida. Neles nada é escondido ou mascarado.

Essa compreensão de espiritualidade vem ao encontro daqueles que se sentem fartos de bens materiais e do consumismo de nossa cultura. Encontram no caminho espiritual uma resposta a suas angústias, a suas buscas por um sentido maior para a vida.

Normalmente são os portadores permanentes do mundo espiritual, pessoas comuns que vivem a retidão da vida, o sentido da solidariedade e cultivam o espaço do Sagrado, seja em suas religiões e igrejas, seja no modo como pensam, agem, interpretam a vida e cuidam do meio ambiente.

O que importa, porém, é reconhecer que mundialmente há uma demanda por valores não materiais, porque os materiais se mostram insuficientes para apaziguar a ânsia do ser humano por algo mais profundo e melhor.

Em toda parte, encontramos pessoas, especialmente jovens, indignadas com o destino previamente definido pelo sistema político-social globalizado, sobretudo em termos de economia, quando se diz que “não há outra alternativa” (Tina = *There is no alternative*) ao tipo de mundo que está aí.

Elas se recusam a aceitar os rumos do mundo que os poderosos pretendem definir como o destino da humanidade. Esses jovens dizem: “Não permitiremos que nos roubem o futuro. Merecemos um destino melhor, precisamos beber de outras fontes para encontrar um caminho iluminador de nossas trevas existenciais. Precisamos de uma resposta a perguntas que queimam em nosso interior: *O que estamos fazendo neste mundo? Qual é o nosso lugar no conjunto dos seres? Como agir para garantirmos um futuro que seja esperançador para todos e para nossa Casa Comum?*"

Essas questões afetam tanto os jovens quanto os intelectuais, tanto os famosos cientistas quanto os grandes empresários. O simples fato de até empresários se preocuparem com o mundo espiritual, vale dizer, com a espiritualidade, atesta as dimensões da crise que nos acomete. Significa que os bens materiais que eles produzem, as lógicas produtivistas e concorrenciais que praticam, o universo de valores comerciais (tudo virou mercadoria e ganha o seu preço) que inspira suas práticas não correspondem à própria existência. Há um vazio profundo, um buraco imenso dentro de suas vidas. Estou convencido de que o mundo espiritual, ou a espiritualidade natural, inerente à nossa natureza, tem a capacidade de preenchê-lo.

É importante, no entanto, sermos críticos, porque há verdadeiras empresas que manejam os discursos da espiritualidade que, não raro, falam mais aos bolsos do que aos corações. Aqui reina a intransparência onde deveria vigorar a plena transparência.

Há líderes religiosos que assumem a lógica do mercado com sua pregação do evangelho da prosperidade material e, recentemente, do domínio. Conquistam muitos fiéis de boa-fé, para os interesses monetários de si próprios como pastores. Aqui se oculta a natureza própria da espiritualidade e também da religião cuja missão transparente é atender às demandas existenciais humanas e não meio para fazer negócios. Isso seria desnaturalizar a religião, no caso a espiritualidade.

Cabe também reconhecer que há muitos e muitas que se apresentam com ares de santidade, dizem captar mensagens de Deus, alegam curas que fazem e que detêm o segredo de uma elevação espiritual. Nisso tudo, não raro, se escondem atitudes farisaicas: não se vive o que se prega e usam aquilo que chamam de "espiritualidade" para enriquecer e viver nababescamente.

Mas tudo o que não é verdadeiramente transparente chega a um momento de verdade. Então aparece o que escamoteiam: interesses financeiros e até abusos sexuais de seus seguidores. Portanto, revelam-se santos e santas do pau oco.

Hoje vivemos uma situação única na história humana, situação que coloca em risco o nosso futuro. Os níveis de degradação da Casa Comum se manifestam pela invasão de bactérias e vírus, pelo aquecimento global, pela profusão de tufões, tornados, enchentes, secas severas e grandes incêndios em várias partes da Terra. Nem se precisa da ciência para comprovar a transparência desses fatos. Basta ter olhos abertos e atentos. O negacionismo mostra-se cínico diante dos padecimentos que todo o planeta e seus habitantes suportam.

Diante dessa situação mudada, é urgente elaborarmos um tipo de espiritualidade que inclua a Terra viva, no sentido bem descrito pelo Papa Francisco, em sua encíclica *Sobre o cuidado da Casa Comum* (*Laudato si'*), ao abordar "uma conversão ecológica radical": "a espiritualidade nos deve alimentar uma paixão pelo cuidado do mundo [...], uma mística que nos anima [...], motiva e encoraja e dá sentido à ação pessoal e comunitária" (n. 216). Eis uma ecoespiritualidade da Terra.

Assim como uma estrela não brilha sem uma aura, assim também uma ética não se sustenta sem uma espiritualidade. Espiritualidade, cumpre repetir, é aquela atitude pela qual percebemos que uma Energia poderosa e amorosa, de mil nomes ou de nenhum, mas que ousamos chamar de Espírito Criador ou simplesmente Deus e que perpassa todos os seres e os mantém como um imenso sistema de interdependências e de mútuas relações, cheio de sentido e de propósito. Nós podemos invocar essa Realidade misteriosa, entrar em comunhão com ela e viver a mística cósmica de São Francisco de Assis que chamava a todos os seres com o doce nome de "meu irmão, minha irmã". Ao abraçar o mundo, estamos abraçando a Deus.

Talvez unicamente essa espiritualidade pode impor limites à nossa voracidade de dominar a natureza e animar na busca de um paradigma alternativo, fundado na fraternidade universal, no cuidado, na solidariedade, na justa medida e no respeito a cada ser existente. Essa espiritualidade permite outrossim um novo olhar sobre a Mãe Terra e sobre cada ser da natureza como algo que tem valor em si mesmo, independentemente de seu uso humano.

Nós não estamos fora da natureza, nem em cima dela como quem a domina. Somos parte dela com o imperativo ético-espiritual de guardá-la e cuidá-la, como está explicitamente descrito no livro do Gênesis (2,15) junto com toda a comunidade de vida.

Sem essa espiritualidade, criadora de reverência, de respeito e de sentido de pertença a um Todo maior, dificilmente encontraremos uma saída feliz para o alarme ecológico que ameaça toda a humanidade.

O tempo do relógio corre contra nós. Temos pouco tempo e nos falta a sabedoria necessária. Mas estamos seguros de que o instinto de vida é mais forte que o instinto de morte. Não obstante vivermos num cenário gravíssimo, as dores que sentimos não são de um moribundo prestes a fazer a sua viagem sem retorno, mas são dores do parto de um novo ser, de um novo mundo que pode e deve nascer.

Estamos no centro de uma civilização agônica que com recursos próprios não tem condições de definir um novo rumo. Ou nos inspiramos na espiritualidade, originária fonte de criatividade, ou mergulharemos no abismo que nós mesmo criamos. A Terra continuará girando ao redor do Sol, mas sem nós.

Contudo nos alimenta uma última esperança: a possibilidade e a probabilidade de um salto da humanidade e da Terra na direção sonhada por Pierre Teilhard de Chardin rumo à *noosfera* (o coração e a mente em acordo), quando os seres humanos, finalmente, se reconciliarão entre si, se descobrirão como irmãos e irmãs junto com a natureza e a Mãe Terra. Será a inauguração de uma forma benigna e cuidadosa de habitar a Casa Comum. Significará o verdadeiro Gênesis que, na expressão do filósofo alemão Ernst Bloch, o pai do *princípio esperança,* se dará no fim e não no começo de nossa peregrinação, ascendendo penosamente no processo da evolução.

Nessa ascensão nem tudo era bom; houve muito trabalho oneroso, sofrimento, retrocessos, derrotas e vitórias, mas sempre vigorando a vontade de melhorar e esperando que um dia se pudesse ouvir a palavra definitiva do Criador: "Deus viu tudo quanto havia feito e achou que era muito bom" (Gn 1,31). Mas isso é pronunciado somente no fim, quando tudo já passou.

É um ato de fé e de esperança sustentar que, no final das contas, o bem triunfará e a vida alcançará sua plenitude. Haverá um fim benfazejo para a história humana. Por ora estamos ainda a caminho no meio de tribulações e de avanços.

Todas as coisas que encontramos no caminho se fazem símbolos e sacramentos transparentes para o Mistério que colocou em marcha o universo e num canto dele um pálido ponto azul, nosso planeta Terra. Nada ficará oculto. Então, e finalmente, será o reino da pura transparência de todas as coisas, as quais serão feitas símbolos e sacramentos do Mistério que se deixará entrever por elas em todo o seu oculto esplendor.

Dez proposições de como ser transparente

No termo de nossas reflexões e indagações algumas proposições merecem ser enfatizadas.

1. Não vivemos enclausurados entre realidades que se opõem, por exemplo, transcendência de imanência, Deus de mundo, matéria de espírito, sentimento de razão, natureza de ser humano, corpo de alma, céu de terra. Essa é a nossa metafísica, vale dizer, a nossa visão das coisas, nossa cosmovisão e a maneira de ordená-las. Ela tem suas raízes no pensamento grego.

Mas a realidade não é assim. As coisas se compõem entre si e são todas inter-relacionadas. Há o casamento entre o céu e a terra, a transcendência penetra a imanência, e esta se aninha naquela. O espírito nunca é puro, mas sempre vem incorporado. O corpo não é como um cadáver sem vida, mas sempre vitalizado. A razão (*logos/ratio*) não se situa num âmbito etéreo, mas sempre vem perpassada de pressupostos e interesses e molha as suas raízes em algo mais ancestral que é o sentimento (*páthos*).

2. Dessa mútua presença de uma realidade em outra, alimenta-se o mundo dos símbolos, aquilo que temos chamado também de sacramentos. As coisas, como acentuam tanto os poetas e os filósofos, são mais que coisas. Os eventos históricos são mais que eventos. Eles vêm carregados de significação e de sentido. Neles vigoram as duas dimensões: o transparente e o imanente. O imanente está aí à nossa consideração. Mas por meio dele se entrevê o transcendente que só se torna acessível pelo imanente que então ganha um outro significado. Vira um símbolo. Por meio do símbolo, as coisas e os eventos se tornam transparentes (Leew, 1956).

3.Tudo pode tornar-se símbolo e sacramento: a montanha, qual vigilante está sempre à nossa vista e se transformou numa paisagem familiar e querida. Ela se transformou em símbolo típico de nossa região. Os óculos usados pelo amigo querido que morreu de enfarte fulminante se converteu num símbolo (transparente) de sua presença. Nele entrevejo a figura do amigo que já não está mais entre nós (transcendente). A casa de meus antepassados italianos do Vêneto, que tiveram que abandonar tudo para escapar da fome (pelagra) e migraram para o Brasil. A casa que ainda existe, escura, com suas panelas no fogão, com os armários rústicos e os velhos livros que deixaram para trás, são símbolos e sacramentos (transparentes) de suas vidas que já pertencem ao outro lado da história (transcendência). E assim poderíamos multiplicar os exemplos.

Se bem repararmos, nossas casas e salas estão repletas de símbolos e sacramentos: são velas, estatuetas, copos antigos de nossos entes queridos que conviveram conosco, fotografias de parentes em encontros inesquecíveis. Tudo e tudo pode virar um sacramento. O que era transcendente e se nos escapava, pois não é mais acessível aos nossos sentidos, torna-se transparente por meio desses símbolos e sacramentos.

4. Um campo privilegiado da transparência é o mundo religioso. Este trabalha realidades em si transcendentes (Deus, graça, salvação eterna e outras) que, por sua natureza, não são diretamente acessíveis. Mas são os símbolos que as trazem ao nosso mundo. É por eles que o invisível se torna parte do visível e o Deus que habita numa luz inacessível se torna sacramentalmente presente num rito, numa celebração ou em representações pictóricas. Sua presença nunca é epifânica, mas sempre mediada. O mediador se faz transparente e o ser humano participa e celebra simbolicamente a realidade representada.

5. A transparência ocorre em todas as atividades humanas. Em sociedades mais simples, em organizações e ONGs menores, a transparência é realizada sem maiores empecilhos, pois todos participam e controlam os procedimentos. Em sociedades complexas como as nossas, nas grandes empresas e corporações, a transparência precisa ser permanentemente buscada e colocada sob especial vigi-

lância. O fato de a complexidade implicar muitos fatores e processos sofisticados abre espaço para pessoas sem muito senso ético e de fraca responsabilidade violarem a transparência. Dão lugar a vantagens pessoais e indivíduos se corrompem: criam verdadeiras máfias para desviar dinheiro público ou, por anos, deixam de pagar os devidos impostos ou até mesmo mantêm suas fortunas em *offshores* e paraísos fiscais.

6. A transparência é parcamente realizável no campo da economia vigente, dominante no mundo globalizado que é de corte capitalista e neoliberal. O projeto do capital busca enriquecimento individual por meio da exploração dos bens e serviços naturais, da exploração da força de trabalho dos operários e do controle dos meios de comunicação, sejam tradicionais, sejam os modernos virtuais e da inteligência artificial. Esse processo implica violência contra a natureza, devastando-a; além da subordinação dos trabalhadores, técnicos e cientistas à lógica do capital. Tal projeto do capital consiste na busca incessante de um crescimento ilimitado, feito mediante acirrada concorrência em detrimento da cooperação. Todo esse processo, por implicar perversidade e desumanidade, não pode vir à luz, não pode ser transparente. A intransparência é inerente a esse jogo econômico. Mas nada é fatal. Há CEOs honestos cujos negócios ficam transparentes conforme tornam mais participantes seus operadores e não burlam as leis de controle oficial e de pagamento dos impostos.

7. Transparência e intransparência ocorrem no jogo político. O poder é a categoria axial do campo político, objeto de busca e de disputa. Nesse campo podem ocorrer práticas desonestas, subtração de informações, criação de factoides e verdadeiras enganações. Ou a política é transparente e vivida como missão de serviço ao bem de todos ou então se oculta sob a intransparência para garantir e aumentar o poder com as vantagens que ele, especialmente o poder de estado, oferece. No entanto, não faltam exemplos de figuras notáveis, de políticos éticos, cuja conduta e administração podem ostentar clara transparência.

8. É fundamental que a transparência ganhe centralidade particular no campo da ética. Esta tem a ver antes com práticas do que com prédicas. Por exemplo, desenvolver práticas transparentes quando valores éticos como o amor solícito aos mais desprezados e invisíveis se tornarem uma realidade maior. Ou então o cuidado e o carinho com os mais necessitados em situação de rua, acolhendo-os humanamente e, na medida do possível, satisfazendo suas necessidades básicas. E dessa forma em campos semelhantes. Mas é absolutamente intransparente quando se usa da boa-fé dos fiéis para arrancar-lhes dinheiro mediante o dízimo ou outros bens e não lhes dar notícia de sua destinação, se ao bolso de falsos pastores ou ao atendimento de pessoas carentes física e psicologicamente. O critério da transparência é a prática verificada e não más prédicas que encobrem as intenções antiéticas de seus pastores.

9. Tão importante quanto a transparência ética é a transparência no campo espiritual. Entende-se aqui por espiritualidade como uma dimensão do profundo humano; o espírito de onde se deriva espiritualidade goza da mesma cidadania que a inteligência, o amor e a libido. Por isso se fala de espiritualidade natural. As religiões não são originárias, mas posteriores, pois todas elas lançam suas raízes e nascem na espiritualidade natural. Essa é feita de amor irrestrito, de solidariedade, de capacidade de sacrifício em benefício do outro, de compaixão para com os caídos nas estradas da vida e na disposição do perdão no lugar do revide e da vingança. Esse é o mundo dos valores intangíveis que dão transparência às práticas humanas quando coerentemente vividas. Pertence à espiritualidade natural a capacidade inerente ao ser humano de se abrir Àquela Energia poderosa e amorosa que intui por debaixo de tudo o que existe e vive. Sente-a em si mesmo na forma de entusiasmo (em grego, *ter um deus dentro*) e de encantamento quando contempla a *grandeur* [grandeza] do universo e a beleza de uma florzinha amarela que emerge do meio de milhões de folhas verdes de um jardim gramado. Essa vivência é inútil para quem se preocupa apenas com interesses financeiros. Mas, carregada de sentido plenificador da vida, produz satisfação e contentamento interior que ninguém pode pagar e que, no entanto, representa o mais nobre e sublime da existência humana.

10. No meio de um mundo de instrumentos que só remetem à produção e perdem seu caráter simbólico, temos que resgatar o pensar sacramental. Não andar cego pelo mundo, mas ver nas coisas a emergência de energias ancestrais que nelas se condensaram ao longo de um processo de milhões de anos de evolução. Elas têm história, vida e sentido. E todas estão ligadas umas às outras, porque tudo no universo é feito de redes de relações energéticas. Como diria o neurocientista António Damásio: "Todo corpo vivo é senciente, ou seja, dotado de sentimento, inteligência, consciência e autodeterminação". Na nossa linguagem, diríamos, todo corpo vivo se faz símbolo real do sentimento, da inteligência e da capacidade de autodeterminação que existe dentro de nossa existência e que, a seu modo, existe também nos demais seres. O *princípio* é o mesmo (todos são portadores de espírito), mas o *modo* de realizá-lo é diferente, na floresta de um jeito e em nós de forma consciente.

De tudo podemos fazer símbolo e sacramento daquilo que nos é inalcançável (transcendente) e que por meio deles se torna transparente e por isso acessível. Tudo depende de nosso olhar e de nossa capacidade de identificar e interpretar sinais e mensagens que nos chegam de todos os lados da realidade. Então o mundo fica encantado. E será leve a nossa peregrinação por este pequeno planeta tão diverso e complexo, a nossa Casa Comum.

Bibliografia

ABDALA, P. R. Z.; TORRES, C. M. S. O. A transparência como espetáculo: uma análise dos portais de transparência de estados brasileiros. *Administração Pública e Gestão Social*, Viçosa, vol. 8, n. 3, p. 147-158, 2016. DOI: https://doi.org/10.21118/apgs.v1i3.4900

BELLUZZO, L. G. Stiglitz e Rodrik denunciam os limites da economia dominante. *CartaCapital*, São Paulo, 13 maio 2019.

BÍBLIA SAGRADA. 6. ed. Petrópolis: Vozes, 2007.

BLOCH, E. *O princípio esperança*. Rio de Janeiro: Contraponto, 2006.

BOFF, L. *A busca da justa medida*: Como equilibrar o Planeta Terra. Petrópolis: Vozes, 2023.

BOFF, L. Corrupção e poder. *Jornal do Brasil*, Rio de Janeiro, 17 jun. 2005.

BOFF, L. *Cuidar da casa comum*: Pistas para protelar o fim do mundo. Petrópolis: Vozes, 2024.

BOFF, L. *Die Kirche als Sakrament im Horizont der Welterfahrung*. Paderborn: Verlag Bonifacius-Druckerei, 1972.

BOFF, L. *Ethos mundial*. Um consenso mínimo entre os humanos. Rio de Janeiro: Record, 2009.

BOFF, L. *Ética e moral*: A busca dos fundamentos. Petrópolis: Vozes, 2003.

BOFF, L. *Espiritualidade*: Um caminho de transformação. Rio de Janeiro: Sextante, 2016.

BOFF, L. *Habitar a Terra*: Qual o caminho para a fraternidade universal? Petrópolis: Vozes, 2021.

BOFF, L. *Meditação da luz*: O caminho da simplicidade. Petrópolis: Vozes, 2010.

BOFF, L. O Cristianismo encarnado na cultura Guarani. *Diário da Manhã*, [*s. l.*], 13 dez. 2017.

BOFF, L. *Saber cuidar*: Ética do humano - compaixão pela terra. Petrópolis: Vozes, 1999.

BOFF, L.; HATHAWAY, M. *Tao da libertação*. Petrópolis: Vozes, 2012.

BOMAN, T. *Das hebräischen Denken*. Göttingen: Vandenhoeck & Ruprech, 1965.

BORN, M. Symbol und Wirklichkeit. Physikalische Blätter, [s. l.], vol. 21, n. 2, p. 53-63, 1965.

CASARA, R. R. *Estado pós-democrático*: Neo-obscurantismo e gestão dos indesejáveis. Rio de Janeiro: Civilização Brasileira, 2018.

CASSIRER, E. *Philosophie der symbolischen Formen*. Berlim: Cassirer, 1923.

CHARDIN, P. T. *Le milieu divin*. Paris: Fontana, 1957.

DALAI-LAMA XIV, Tenzin Gyatso. *Uma ética para o novo milênio*. Rio de Janeiro: Sextante, 2000.

DÄNZER, H. *Das Symboldenken in der Atomphysik und in der Theologie*. [*S. l.*]: Universitas, 1967.

ELIADE, M. *O sagrado e o profano*. São Paulo: Martins Fontes, 1992.

EVANGELII NUNTIANDI. Exortação apostólica do Papa Paulo VI. Roma, 1975.

FRATELLI TUTTI. Encíclica do Papa Francisco. Roma, 2020.

HEIDEGGER, M. *Ser e Tempo*. Petrópolis: Vozes, 2006.

HOLLYER, J. R.; ROSENDORFF, B. P.; VREELAND, J. R. Democracy and Transparency. *The Journal of Politics*, [*s. l.*], vol. 73, n. 4, 2011 DOI: https://doi.org/10.1017/S0022381611000880

HOOD, C.; HEALD, D. *Transparency*: The key to better governance. Londres: British Academy, 2006.

JASPERS, K. *Philosophie*. Berlim: Springer, 1948.

JONAS, H. *O princípio da responsabilidade*. Petrópolis: Vozes, 1995.

LAUDATO SI'. Encíclica do Papa Francisco. Roma, 2015.

LEEUW, V. der G. *Phänomenologie der Religion*. Tübigen: J.C.B. Mohr, 1956.

LEEUW, V. der G. *Sakramentales Denken*: Erscheinungsformen Und Wesen der Ausserchristlichen Und Christlichen Sakramente. [*S. l.*]: [*s. n.*], 1959.

LÖWY, M. *La jaula de hierro*: Max Weber y el marxismo weberiano. [*S. l.*]: [*s. n.*], 2017.

MARX, K. *A miséria da filosofia*. São Paulo: [*s. n.*], 1996.

MARX, K. *Crítica da filosofia do direito de Hegel*. São Paulo: Boitempo, 2005.

MICHENER, R.; BERSCH, K. Identifying transparency. *Information Polity*, [*s. l.*], vol. 18, n. 20, p. 1-13, 2013.

MOREIRA, E. *Desigualdade*: caminhos para uma sociedade mais justa. Rio de Janeiro: Civilização Brasileira, 2024a.

MOREIRA, E. *Economia do desejo*: a farsa neoliberal. Rio de Janeiro: Civilização Brasileira, 2024b.

OLIVEIRA, M. A configuração ontológico-etica da economia. *Sapere Aude*, Belo Horizonte, vol. 11, n. 21, p. 11-48, 2020. DOI: https://doi.org/10.5752/P.2177-6342.2020v11n21p11-48

OLIVEIRA, M. *Ética, direito e democracia*. São Paulo: Paulus, 1993a.

OLIVEIRA, M. *Ética e economia*. São Paulo: Ática, 1995.

OLIVEIRA, M. *Ética e sociabilidade*. São Paulo: Loyola, 1993b.

PESSOA, F. *Primeiro Fausto*. O mistério do mundo. [*S. l.*]: Iluminuras, 2020.

POLANYI, K. *A grande transformação*. Rio de Janeiro: Contraponto, 2021.

ROCKEFELLER, S. *Spiritual democracy and our schools*: Renewing the American Spirit with education for the whole child. [*S. l.*]: [*s. n.*], 2022.

RODRIGUES, K. F. Desvelando o conceito de transparência: seus limites, suas variedades e a criação de uma tipologia. *Cadernos EBAPE.BR*, Rio de Janeiro, vol. 18, n. 2, 2020. DOI: https://doi.org/10.1590/1679-395173192

SCHWEITZER, A. *Ehrfurcht vor dem Leben*. Göttingen: [*s. n.*], 1994.

SCHWEITZER, A. *Wie wir überleben können*. Freiburg: Herder, 1997.

SPLETT, J. *Sakrament der Wirklichkeit*. Göttingen: [*s. n.*], 1968.

TILLICH, P. *Natur und Sakramente*. Berlim: De Gruyter, 1992.

TODD, E.; TOUVEREY, B. *A derrota do ocidente*. Coimbra: Principia, 2025.

WATSON, J. *DNA*: o segredo da vida. São Paulo: Companhia das Letras, 2005.

WEISCHEDEL, W. *Abschied vom Bild*. Tübingen: [*s. n.*], 1957.

ZOHAR, D.; MARSHALL, I. *QS: inteligência espiritual*. Rio de Janeiro: Record, 2000.

Obras do autor

1 – *O Evangelho do Cristo Cósmico*. Petrópolis: Vozes, 1971. • Reeditado pela Record (Rio de Janeiro), 2008.

2 – *Jesus Cristo libertador*. Petrópolis: Vozes, 1972.

3 – *Die Kirche als Sakrament im Horizont der Welterfahrung*. Paderborn: Verlag Bonifacius-Druckerei, 1972 [Esgotado].

4 – *A nossa ressurreição na morte*. Petrópolis: Vozes, 1972.

5 – *Vida para além da morte*. Petrópolis: Vozes, 1973.

6 – *O destino do homem e do mundo*. Petrópolis: Vozes, 1973.

7 – *Experimentar Deus*. Petrópolis: Vozes, 2012 [Publicado em 1974 pela Vozes com o título *Atualidade da experiência de Deus*].

8 – *Os sacramentos da vida e a vida dos sacramentos*. Petrópolis: Vozes, 1975.

9 – *A vida religiosa e a Igreja no processo de libertação*. 2. ed. Petrópolis: Vozes/CNBB, 1975 [Esgotado].

10 – *Graça e experiência humana*. Petrópolis: Vozes, 1976.

11 – *Teologia do cativeiro e da libertação*. Lisboa: Multinova, 1976. • Reeditado pela Vozes, 1998.

12 – *Natal: a humanidade e a jovialidade de nosso Deus*. Petrópolis: Vozes, 1976. [Esgotado]

13 – *Eclesiogênese – As comunidades reinventam a Igreja*. Petrópolis: Vozes, 1977. • Reeditado pela Record (Rio de Janeiro), 2008.

14 – *Paixão de Cristo, paixão do mundo*. Petrópolis: Vozes, 1977.

15 – *A fé na periferia do mundo*. Petrópolis: Vozes, 1978 [Esgotado].

16 – *Via-sacra da justiça*. Petrópolis: Vozes, 1978 [Esgotado].

17 – *O rosto materno de Deus*. Petrópolis: Vozes, 1979.

18 – *O Pai-nosso – A oração da libertação integral*. Petrópolis: Vozes, 1979.

19 – *Da libertação – O teológico das libertações sócio-históricas*. Petrópolis: Vozes, 1979 [Esgotado].

20 – *O caminhar da Igreja com os oprimidos*. Rio de Janeiro: Codecri, 1980. • Reeditado pela Vozes (Petrópolis), 1988.

21 – *A Ave-Maria – O feminino e o Espírito Santo*. Petrópolis: Vozes, 1980.

22 – *Libertar para a comunhão e participação*. Rio de Janeiro: CRB, 1980 [Esgotado].

23 – *Igreja*: *carisma e poder*. Petrópolis: Vozes, 1981. • Reedição ampliada: Ática (Rio de Janeiro), 1994; Record (Rio de Janeiro) 2005.

24 – *Crise, oportunidade de crescimento*. Petrópolis: Vozes, 2011 [Publicado em 1981 pela Vozes com o título *Vida segundo o Espírito*].

25 – *São Francisco de Assis – Ternura e vigor*. Petrópolis: Vozes, 1981.

26 – *Via-sacra para quem quer viver*. Petrópolis: Vozes, 1991 [Publicado em 1982 pela Vozes com o título *Via-sacra da ressurreição*].

27 – *O livro da Divina Consolação*. Petrópolis: Vozes, 2006 [Publicado em 1983 com o título *Mestre Eckhart*: a mística do ser e do não ter].

28 – *Ética e ecoespiritualidade*. Petrópolis: Vozes, 2011 [Publicado em 1984 pela Vozes com o título *Do lugar do pobre*].

29 – *Teologia à escuta do povo*. Petrópolis: Vozes, 1984 [Esgotado].

30 – *A cruz nossa de cada dia.* Petrópolis: Vozes, 2012 [Publicado em 1984 pela Vozes com o título *Como pregar a cruz hoje numa sociedade de crucificados*].

31 – (com Clodovis Boff) *Teologia da Libertação no debate atual.* Petrópolis: Vozes, 1985 [Esgotado].

32 – *A Trindade e a sociedade.* Petrópolis: Vozes, 2014 [Publicado em 1986 com o título *A Trindade, a sociedade e a libertação*].

33 – *E a Igreja se fez povo.* Petrópolis: Vozes, 1986 [Esgotado]. • Reeditado em 2011 com o título *Ética e ecoespiritualidade*, em conjunto com *Do lugar do pobre*.

34 – (com Clodovis Boff) *Como fazer Teologia da Libertação?* Petrópolis: Vozes, 1986.

35 – *Die befreiende Botschaft.* Friburgo: Herder, 1987.

36 – *A Santíssima Trindade é a melhor comunidade.* Petrópolis: Vozes, 1988.

37 – (com Nelson Porto) *Francisco de Assis – Homem do paraíso*. Petrópolis: Vozes, 1989. • Reedição modificada em 1999.

38 – *Nova evangelização: a perspectiva dos pobres*. Petrópolis: Vozes, 1990 [Esgotado].

39 – *La misión del teólogo em la Iglesia.* Estella: Verbo Divino, 1991.

40 – *Seleção de textos espirituais.* Petrópolis: Vozes, 1991 [Esgotado].

41 – *Seleção de textos militantes*. Petrópolis: Vozes, 1991 [Esgotado].

42 – *Con La libertad del Evangelio.* Madri: Nueva Utopia, 1991.

43 – *América Latina*: *da conquista à Nova Evangelização*. São Paulo: Ática, 1992 [Esgotado].

44 – *Ecologia, mundialização e espiritualidade.* São Paulo: Ática, 1993. • Reeditado pela Record (Rio de Janeiro), 2008.

45 – (com Frei Betto) *Mística e espiritualidade.* Rio de Janeiro: Rocco, 1994. • Reedição revista e ampliada pela Vozes (Petrópolis), 2010.

46 – *Nova era: a emergência da consciência planetária*. São Paulo: Ática, 1994. • Reeditado pela Sextante (Rio de Janeiro) em 2003 com o título de *Civilização planetária: desafios à sociedade e ao cristianismo* [Esgotado].

47 – *Je m'explique*. Paris: Desclée de Brouwer, 1994.

48 – (com A. Neguyen Van Si) *Sorella Madre Terra*. Roma: Lavoro, 1994.

49 – *Ecologia – Grito da terra, grito dos pobres*. São Paulo: Ática, 1995. • Reeditado pela Record (Rio de Janeiro) em 2015.

50 – *Princípio Terra – A volta à Terra como pátria comum*. São Paulo: Ática, 1995 [Esgotado].

51 – (Org.) *Igreja: entre norte e sul*. São Paulo: Ática, 1995 [Esgotado].

52 – (com José Ramos Regidor e Clodovis Boff). *A Teologia da Libertação: balanços e perspectivas*. São Paulo: Ática, 1996 [Esgotado].

53 – *Brasa sob cinzas*. Rio de Janeiro: Record, 1996.

54 – *A águia e a galinha*: *uma metáfora da condição humana*. Petrópolis: Vozes, 1997.

55 – *A águia e a galinha*: *uma metáfora da condição humana*. Edição comemorativa: 20 anos. Petrópolis: Vozes, 2017.

56 – (com Jean-Yves Leloup, Pierre Weil, Roberto Crema) *Espírito na saúde*. Petrópolis: Vozes, 1997.

57 – (com Jean-Yves Leloup, Roberto Crema) *Os terapeutas do deserto – De Fílon de Alexandria e Francisco de Assis a Graf Dürckheim*. Petrópolis: Vozes, 1997.

58 – *O despertar da águia*: *o dia-bólico e o sim-bólico na construção da realidade*. Petrópolis: Vozes, 1998.

59 – *O despertar da águia*: *o dia-bólico e o sim-bólico na construção da realidade*. Edição especial. Petrópolis: Vozes, 2017.

60 – *Das Prinzip Mitgefühl – Texte für eine bessere Zukunft*. Friburgo: Herder, 1999.

61 – *Saber cuidar – Ética do humano, compaixão pela Terra*. Petrópolis: Vozes, 1999.

62 – *Ética da vida*. Brasília: Letraviva, 1999. • Reeditado pela Record (Rio de Janeiro), 2009.

63 – *Coríntios – Introdução*. Rio de Janeiro: Objetiva, 1999 (Esgotado).

64 – *A oração de São Francisco: uma mensagem de paz para o mundo atual*. Rio de Janeiro: Sextante, 1999. • Reeditado pela Vozes (Petrópolis), 2014.

65 – *Depois de 500 anos: que Brasil queremos?* Petrópolis: Vozes, 2000 [Esgotado].

66 – *Voz do arco-íris*. Brasília: Letraviva, 2000. • Reeditado pela Sextante (Rio de Janeiro), 2004 [Esgotado].

67 – (com Marcos Arruda) *Globalização: desafios socioeconômicos, éticos e educativos*. Petrópolis: Vozes, 2000.

68 – *Tempo de transcendência – O ser humano como um projeto infinito*. Rio de Janeiro: Sextante, 2000. • Reeditado pela Vozes (Petrópolis), 2009.

69 – (com Werner Müller) *Princípio de compaixão e cuidado*. Petrópolis: Vozes, 2000.

70 – *Ethos mundial – Um consenso mínimo entre os humanos*. Brasília: Letraviva, 2000. • Reeditado pela Record (Rio de Janeiro) em 2009.

71 – *Espiritualidade – Um caminho de transformação*. Rio de Janeiro: Sextante, 2001. • Reeditado pela Mar de Ideias (Rio de Janeiro) em 2016.

72 – *O casamento entre o céu e a terra – Contos dos povos indígenas do Brasil*. São Paulo: Salamandra, 2001. • Reeditado pela Mar de Ideias (Rio de Janeiro) em 2014.

73 – *Fundamentalismo*. Rio de Janeiro: Sextante, 2002. • Reedição ampliada e modificada pela Vozes (Petrópolis) em 2009 com o título *Fundamentalismo, terrorismo, religião e paz*.

74 – (com Rose Marie Muraro) *Feminino e masculino: uma nova consciência para o encontro das diferenças*. Rio de Janeiro: Sextante, 2002. • Reeditado pela Record (Rio de Janeiro), 2010.

75 – *Do iceberg à arca de Noé*: *o nascimento de uma ética planetária*. Rio de Janeiro: Garamond, 2002. • Reeditado pela Mar de Ideias (Rio de Janeiro), 2010.

76 – *Crise*: *oportunidade de crescimento*. Campinas: Verus, 2002. • Reeditado pela Vozes (Petrópolis) em 2011.

77 – (com Marco Antônio Miranda) *Terra América: imagens*. Rio de Janeiro: Sextante, 2003 [Esgotado].

78 – *Ética e moral*: *a busca dos fundamentos*. Petrópolis: Vozes, 2003.

79 – *O Senhor é meu Pastor*: *consolo divino para o desamparo humano*. Rio de Janeiro: Sextante, 2004. • Reeditado pela Vozes (Petrópolis), 2013.

80 – *Responder florindo*. Rio de Janeiro: Garamond, 2004 [Esgotado].

81 – *Novas formas da Igreja: o futuro de um povo a caminho*. Campinas: Verus, 2004 [Esgotado].

82 – *São José: a personificação do Pai*. Campinas: Verus, 2005. • Reeditado pela Vozes (Petrópolis), 2012.

83 – *Un Papa difficile da amare*: *scritti e interviste*. Roma: Datanews, 2005.

84 – *Virtudes para um outro mundo possível – Vol. I: Hospitalidade: direito e dever de todos*. Petrópolis: Vozes, 2005.

85 – *Virtudes para um outro mundo possível – Vol. II: Convivência, respeito e tolerância*. Petrópolis: Vozes, 2006.

86 – *Virtudes para um outro mundo possível – Vol. III: Comer e beber juntos e viver em paz*. Petrópolis: Vozes, 2006.

87 – *A força da ternura – Pensamentos para um mundo igualitário, solidário, pleno e amoroso*. Rio de Janeiro: Sextante, 2006. • Reeditado pela Mar de Ideias (Rio de Janeiro) em 2012.

88 – *Ovo da esperança*: *o sentido da Festa da Páscoa*. Rio de Janeiro: Mar de Ideias, 2007.

89 – (com Lúcia Ribeiro) *Masculino, feminino: experiências vividas*. Rio de Janeiro: Record, 2007.

90 – *Sol da esperança – Natal: histórias, poesias e símbolos*. Rio de Janeiro: Mar de Ideias, 2007.

91 – *Homem: satã ou anjo bom*. Rio de Janeiro: Record, 2008.

92 – (com José Roberto Scolforo) *Mundo eucalipto*. Rio de Janeiro: Mar de Ideias, 2008.

93 – *Opção Terra*. Rio de Janeiro: Record, 2009.

94 – *Meditação da luz*. Petrópolis: Vozes, 2010.

95 – *Cuidar da Terra, proteger a vida*. Rio de Janeiro: Record, 2010.

96 – *Cristianismo: o mínimo do mínimo*. Petrópolis: Vozes, 2011.

97 – *El planeta Tierra*: *crisis, falsas soluciones, alternativas*. Madri: Nueva Utopia, 2011.

98 – (com Marie Hathaway) *O Tao da Libertação – Explorando a ecologia da transformação*. 2. ed. Petrópolis: Vozes, 2012.

99 – *Sustentabilidade*: *O que é – O que não é*. Petrópolis: Vozes, 2012.

100 – *Jesus Cristo Libertador: ensaio de cristologia crítica para o nosso tempo*. Petrópolis: Vozes, 2012 [Selo Vozes de Bolso].

101 – *O cuidado necessário: na vida, na saúde, na educação, na ecologia, na ética e na espiritualidade*. Petrópolis: Vozes, 2012.

102 – *As quatro ecologias: ambiental, política e social, mental e integral.* Rio de Janeiro: Mar de Ideias, 2012.

103 – *Francisco de Assis – Francisco de Roma: a irrupção da primavera?* Rio de Janeiro: Mar de Ideias, 2013.

104 – *O Espírito Santo – Fogo interior, doador de vida e Pai dos pobres*. Petrópolis: Vozes, 2013.

105 – (com Jürgen Moltmann) *Há esperança para a criação ameaçada?* Petrópolis: Vozes, 2014.

106 – *A grande transformação: na economia, na política, na ecologia e na educação*. Petrópolis: Vozes, 2014.

107 – *Direitos do coração – Como reverdecer o deserto*. São Paulo: Paulus, 2015.

108 – *Ecologia, ciência, espiritualidade – A transição do velho para o novo*. Rio de Janeiro: Mar de Ideias, 2015.

109 – *A Terra na palma da mão – Uma nova visão do planeta e da humanidade*. Petrópolis: Vozes, 2016.

110 – (com Luigi Zoja) *Memórias inquietas e persistentes de L. Boff.* São Paulo: Ideias & Letras, 2016.

111 – (com Frei Betto e Mario Sergio Cortella) *Felicidade foi-se embora?* Petrópolis: Vozes Nobilis, 2016.

112 – *Ética e espiritualidade– Como cuidar da Casa Comum*. Petrópolis: Vozes, 2017.

113 – *De onde vem? – Uma nova visão do universo, da Terra, da vida, do ser humano, do espírito e de Deus*. Rio de Janeiro: Mar de Ideias, 2017.

114 – *A casa, a espiritualidade, o amor.* São Paulo: Paulinas, 2017.

115 – (com Anselm Grün) *O divino em nós.* Petrópolis: Vozes Nobilis, 2017.

116 – *O livro dos elogios: o significado do insignificante*. São Paulo: Paulus, 2017.

117 – *Brasil – Concluir a refundação ou prolongar a dependência?* Petrópolis: Vozes, 2018.

118 – *Reflexões de um velho teólogo e pensador.* Petrópolis: Vozes, 2018.

119 – *A saudade de Deus* – A força dos pequenos. Petrópolis: Vozes, 2020.

120 – *Covid-19 – A Mãe Terra contra-ataca a humanidade: advertências da pandemia*. Petrópolis: Vozes, 2020.

121 – *O doloroso parto da Mãe Terra – Uma sociedade de fraternidade sem fronteiras e de amizade social*. Petrópolis: Vozes, 2021.

122 – *Habitar a Terra – Qual o caminho para a fraternidade universal?* Petrópolis: Vozes, 2021.

123 – *O pescador ambicioso e o peixe encantado – A busca pela justa medida*. Petrópolis: Vozes, 2022.

124 – *Igreja*: *carisma e poder – Ensaios de eclesiologia militante*. Petrópolis: Vozes, 2022.

125 – *A amorosidade do Deus*-Abba *e Jesus de Nazaré*. Petrópolis: Vozes, 2023.

126 – *A busca pela justa medida – Como equilibrar o Planeta Terra*. Petrópolis: Vozes, 2023.

127 – Cuidar da Casa Comum – Pistas para protelar o fim do mundo. Petrópolis: Vozes, 2024.

EDITORA VOZES LTDA.
Rua Frei Luís, 100 – Centro – Cep 25689-900 – Petrópolis, RJ
Tel.: (24) 2233-9000 – E-mail: vendas@vozes.com.br